高学年児童、うまい教師はこう叱る！

中嶋郁雄
Nakashima Ikuo

学陽書房

は　じ　め　に

　近頃、教師の間で、高学年の子どもの指導が難しくなったという話をよく耳にします。特に、どのように叱ればよいのか悩んでいる方は少なくないでしょう。

　高学年にもなれば、口では大人にも負けません。身体も大きくなり、腕力で教師に引けを取らない子もいます。それに加えて、近年の世間一般の教師を批判する風潮が、子どもたちに、教師の存在を軽んじさせています。

　教師の権威が失われつつあるからでしょうか。困ったことに、叱られることを認められない子が増えています。きまりを破ったり、周りの迷惑になる行いをしたりして教師に注意されても、叱られることを良しとしない子が、近頃多くなりました。

　「やっているのは、私だけじゃない」
　「そんなきまりがあるのはおかしい」
などと、もっともらしい理屈で、叱られることから逃げようとします。ときには、あからさまに教師に反抗的な態度をとる子さえいます。

　反対に、反省するそぶりを見せて、叱られることから逃れようとする子もいます。高学年にもなると、自分がどのような態度を見せれば、教師の気持ちを和らげ、早くその場から逃れることができるのか、その術を熟知しているからです。

　いずれにしても、「自分が悪い」と分かっていても、自分を向上させるために素直に叱られることができないという、非常に困った子どもが増えているのです。

　このような状況のもとで、教師の威厳を保つために必要以上に厳

しい姿勢で子どもを指導する教師がいます。反対に、子どもとの関係を悪くしたくないという思いから、「ほどほどの指導」で適当に幕を引く教師もいます。しかし、どちらの指導も、「叱る」という教育的行為とは言えないというのが、私の考えです。子どもを成長させるために、私たち教師は、「叱る」という教育的行為についてしっかり考える必要があるのです。

「叱る」ことの目的は、子どもに反省させ、誤った行動や考え方を改めさせることです。つまり、子どもの自律心を育てることが目的です。恐怖を植え付けることでもなければ、子どもを教師の思うように動かすことでもありません。ましてや、子どもとの関係を気にして、遠慮しながら行う「叱り」など存在しません。

「叱り」の根本にあるのは、「子どもを思う気持ち」です。「誰のために叱るのか」「何のために叱るのか」を常に心に留めて、子どもに対することが大切なのです。

たとえ、経験不足で未熟であったとしても、子どもたちの鋭い感性は、あなたの気持ちを瞬時に察することでしょう。最初は反発もされ、適当なパフォーマンスを演じられたとしても、あなたの子どもを思う「本気」は、必ずや子どもたちの心に届き、教師として何ものにも代えがたい経験と想い出をプレゼントしてくれるはずです。

「目の前の子どもが好きだから叱る」

「子どもの成長の機会を大切にしたい」

そういう真摯な思いで、日々、子どもたちと格闘している先生方にとって、本書が少しでもお役に立てれば光栄です。

2014年2月

中嶋郁雄

高学年児童、
うまい教師はこう叱る！
CONTENTS

CONTENTS

はじめに…………3
Introduction――自律と自立を育てる叱り方を…………11

Ⅰ章　高学年の叱り方指導ここがポイント！

Ⅰ－1　「叱り」を生かす信頼関係づくりのポイント…………22
Ⅰ－2　叱ったあとのフォローをしっかり…………28
Ⅰ－3　高学年男子に顕著なタイプ別指導のポイント…………32
Ⅰ－4　高学年女子に顕著なタイプ別指導のポイント…………36

Column 1　「叱りとは何か」に気付かせてくれた元教え子…………40

Ⅱ章　[場面別] 困った高学年男子への指導のポイント

Ⅱ－1　生活場面での困った高学年男子…………42
　①服装が乱れていたり、
　　わざと乱したりしている子がいる…………44
　②時間にルーズで、
　　授業開始時刻を守れない子がいる…………46
　③何度言っても
　　机やロッカーの整理ができない子がいる…………48
　④教師に反抗的、
　　暴力的な態度をとる子がいる…………50

CONTENTS

　　⑤学校の物を乱暴に扱い、壊す子がいる…………52
　　⑥ゲームや遊び道具、
　　　マンガ雑誌などを持ってくる子がいる…………54
　　⑦放課後のきまりを守らない子がいる…………56

Ⅱ-2　学級活動場面での困った高学年男子……………………58
　　①係活動や当番活動をさぼる子がいる…………60
　　②給食を粗末にしたり、
　　　好きな食べものを独占したりする子がいる…………62
　　③クラスで育てているものや
　　　飼っている生き物などを傷つける子がいる…………64
　　④遠足や修学旅行などで
　　　単独行動をしてしまう子がいる…………66
　　⑤自分勝手にクラスのルールを
　　　変えてしまう子がいる…………68
　　⑥行事など自分の思い通りにならないと
　　　協力しない子がいる…………70
　　⑦クラスの和をわざと乱す子がいる…………72

Ⅱ-3　授業場面での困った高学年男子………………………74
　　①姿勢が悪く、落ち着いて座れない子がいる…………76
　　②授業を抜け出して遊んでいる子がいる…………78
　　③教師の指示を聞こうとしない子がいる…………80
　　④わざとふざけたことを言って、
　　　授業の妨害になる子がいる…………82
　　⑤こっそりゲームをしたり、
　　　マンガを読んだりする子がいる…………84
　　⑥授業に関係のない
　　　おしゃべりをする子がいる…………86

CONTENTS

　　　　⑦「塾でやった！」などと
　　　　　授業内容を軽くみる子がいる…………88

Ⅱ-4　友達関係場面での困った高学年男子……………………90
　　①友達に激しく暴力をふるう子がいる…………92
　　②威圧的に自分の要求を
　　　のませようとする子がいる…………94
　　③友達の持ち物を取り上げたり、
　　　いたずらしたりする子がいる…………96
　　④運動や勉強ができない子を
　　　激しくののしる子がいる…………98
　　⑤「遊び」と言って、集団で
　　　友達の嫌がることをする子がいる…………100
　　⑥女子にやさしい友達をからかう子がいる…………102
　　⑦自分が中心にならないと
　　　気がすまない子がいる…………104

Column 2　「叱りの心」を教えてくれた学校一のワル…………106

Ⅲ章　[場面別] 困った高学年女子への指導のポイント

Ⅲ-1　生活場面での困った高学年女子……………………108
　　①髪型や自分の容姿の状態を
　　　何かと気にする子がいる…………110
　　②化粧やアクセサリーなどをしてくる子がいる…………112
　　③キャラクターグッズやキラペンなど、
　　　不要な物を持ってくる子がいる…………114

CONTENTS

④男性教師を毛嫌いし、
　男子との関わりをもとうとしない子がいる…………116
⑤些細なことでも注意されると、
　すねて口をきかなくなる子がいる…………118
⑥おしゃべりをして、集団行動に遅れたり、
　なかなか下校しない子がいる…………120
⑦言い訳や嘘の多い子がいる…………122

Ⅲ−2　学級活動場面での困った高学年女子……………124
①うまく立ち回って、ラクをしようとする子がいる…………126
②人任せといった感じで、
　話し合いに参加しない子がいる…………128
③決まったことを、あとになって、
　ぶつぶつ文句を言う子がいる…………130
④同じ友達とばかり組んだり、
　活動したりする子がいる…………132
⑤行事やイベントに参加しようとしない子がいる…………134
⑥「太りたくない……」などと言って、
　給食を食べない子がいる…………136
⑦ふき掃除や、手が汚れる仕事を
　避ける子がいる…………138

Ⅲ−3　授業場面での困った高学年女子………………140
①手紙を回す子がいる…………142
②指名されると、声が小さくなったり、
　黙り込んだりする子がいる…………144
③間違えると、すねてしまう子がいる…………146
④ノートを写すことに熱中し、
　話を聞いていない子がいる…………148
⑤教科書やノートに、アイドルの写真や
　プリクラシールなどを貼っている子がいる…………150

CONTENTS

⑥病気でもないのに、
　体育の授業を度々休む子がいる…………152
⑦答え合わせやテストで、
　間違いをごまかす子がいる…………154

Ⅲ-4　友達関係場面での困った高学年女子……………156
①グループで仲間外しをする子がいる…………158
②友達の悪口を陰で言ったり、
　落書きをしたりする子がいる…………160
③気になる男子のことで、
　友達とトラブルになる子がいる…………162
④友達を独占しようとする子がいる…………164
⑤友達と遊ぼうとせず、
　保健室に入りびたる子がいる…………166
⑥人の話に無理やり入り込んでくる子がいる…………168
⑦交換ノートやメールで
　さかんにやりとりする子がいる…………170

Column 3　教師を拒む女の子がくれた「教師のプライド」…………172

Introduction
自律と自立を育てる叱り方を

 # 「叱り」は不易の教育方法

　このところ、教育界はめまぐるしく変化しています。
　偏差値重視の教育、知識詰め込み型の教育が批判され、意欲や関心を重んじながら子どもの自主性を伸ばすことを目的とした「ゆとり教育」が推し進められていたのは、ほんの数年前までのことでした。
　ところが今、国際的な生徒の学習到達度調査（PISA）に象徴される学力低下への歯止めや、いじめや学級崩壊に代表されるような子どもたちのモラルの低下への懸念から、180度ともいえる方向転換がなされました。新学習指導要領によって、「基礎的・基本的な知識及び技能を確実に習得させること」「基本的な生活習慣、社会生活上のきまりを身に付け、善悪を判断し、人間としてしてはならないことをしないようにすること」などを方針とした取り組みが始まりました。
　このような教育方針の転換は、今に始まったことではなく、戦後の教育界では繰り返し行われてきました。学校現場では、その時々に応じた教育方法が脚光を浴びては、消えていったのです。髪型や服装に流行があるように、教育界にも流行があるということです。ときに学校現場・教師は、その時々の流行に目を奪われてしまい、

> 教育は、人格の完成を目指し、平和で民主的な国家及び社会の形成者として必要な資質を備えた心身ともに健康な国民の育成を期して行われなければならない。
>
> 【教育基本法　第一条】

という大きな目的を忘れがちになります。
　教育基本法で示されている通り、教育とは、豊かで平和な社会を築くために、その社会に貢献しながら自己実現することのできるような人格をもった人間を育てることです。他人の迷惑を顧みず、自分の幸せのためなら、周りが不幸になろうと関係ないといった人間を育てるような教育は、教育ではないと言って

も過言ではありません。

　その時々の世相や風潮に応じた教育方法はあって当然です。しかし、人類が誕生してから延々と続いている教育の方法もあるはずです。「叱り」は、まさしくこの不易とも言える教育方法であり、社会的な動物である人類は、所属する集団に適応して生きるために、集団の和を乱す行為に対して、厳しく叱り、しつけながら、子どもを一人前の大人に育ててきました。それは、今でも変わりありません。

　我が子や教え子が、他人の迷惑になる行いや、きまりを破る行いをすれば、私たちは必ず叱って教えます。子どもの言動に、カチンとくることがあれば、叱って教えます。子どもと生活をしていれば、一日のうちに必ず一度は叱る場面があります。

　私たちが日々必ず行っている「叱り」という不易の教育的行為は、あまりにも当たり前で身近な行為であるがゆえに、誰もが専門家と言える反面、効果的に行われているかと問われれば、それはなかなか答えに窮する現状もあり、実際のところ、「叱ることは本当に難しい」と悩む人も多い教育方法です。

「叱る」ことの価値

　「叱ることでは子どもは伸びない」といった、叱ることに否定的な考えを聞くことがあります。

　先にも書きましたが、人類は誕生した時から、大人は子どもを叱って育ててきたのだと思います。また、吉田松陰や福澤諭吉などの偉人も、幼い頃に叱られたエピソードを数多く残しています。おそらく、洋の東西を問わず、叱るという行為は、効果的に行われていれば、子どもの向上的変容を促すものであることは間違いありません。

　叱ることを否定する人は、叱ることイコール子どもに精神的なショックをあたえ、さらには肉体的苦痛をあたえることだと考えているのだと思います。もちろん、苦痛によって子どもを向上させることはできないという考え方には、私も同感です。しかし、叱るという行為イコール子どもに苦痛をあたえること

という考え方には異を唱えます。

確かに、叱るという行為は、子どもに苦痛をあたえる場合が多いように映るのかもしれません。しかし、元来、叱ることによって子どもにあたえているのは、苦痛ではなく、「試練」なのだと私は思っています。自分を向上させるために超えなくてはならない、「逆境」と言ってもよいでしょう。

子どもは、世間一般で言われているほど弱い存在ではありません。また、わずかな試練・逆境にも耐えられないほど弱い精神しかもち合わせていないわけでもありません。教師として、父親として、毎日子どもと接している私は、子どもは、大人が考えている以上に強いと、大人以上に強い精神をもち合わせていると、感じています。大人であれば打ちひしがれるような失敗からも、子どもは短時間で立ち直ってしまいます。ついさっき泣いていたかと思うと、次の瞬間には楽しそうに笑っています。子どもは、強く柔軟な精神の持ち主なのです。

「鉄は熱いうちに打て」とは、じつに的を射た先人の言葉です。強く柔軟な精神も、打たなければ、どんどん弱って軟弱になっていきます。「今時の子は弱い」とはよく耳にしますが、子どもが弱くなったのではなく、大人が弱くしているのです。できる限り子どもを逆境から遠ざけ、試練から距離をおくよう、大人が育ててしまっているだけなのです。

叱ることは、苦痛をあたえることではなく、子どもを鍛えることです。意図的に子どもに試練の場をあたえ、逆境に遭遇させ、そこから自分を変えていく力を身に付けさせるのです。

そう考えれば、怒鳴ったり、脅したりすることは、叱るという教育的行為ではないことが分かってきます。叱るという行為がもつ意味を、もとから考え直せば、「叱り批判」を唱える人も、おそらく叱るという行為の価値を見直してくださるのではないでしょうか。

受け入れ態勢をつくる

私は、叱ることによって、子ども自らが、

「これは、やってはまずいだろう」

「今は、我慢しなくてはならない」

など、自分で自分に問いかけながら実践する力を身に付けさせたいと思っています。目に見える子どもの行為だけでなく、子どもの心もちを変えたいと思って子どもを叱っています。失敗や過ちの中から、子どもたちが自分の不甲斐なさや弱さに気付き、自分を高めるために努力する力を身に付けてほしいと思っています。それが、叱ることの重要な役割だと思っています。

自律や自立の心を育てるような叱り方をするためには、自分の過ちを受け入れる態勢をつくってやることです。

自分で決めたことや宣言したことについては、受け入れざるを得なくなるのが人情です。例えば、「次に同じことをしたら、罰を受ける」と宣言した子が同じ行いをすれば、叱られるのを受け入れざるを得ないことは、本人が一番よく分かっています。そして、ここで「受け入れ態勢」が自然とつくられることになるのです。

自分の行為の善悪を自分自身で判定させ、改善点や解決策を自ら考えさせる方法も、子どもが無意識のうちに「受け入れ態勢」をつくっていることになります。

「自分のどこが相手を怒らせたのか？」

「その時、自分は、どのような行動をとればよかったのか？」

「次に、同じような場面に出くわしたら、どうすればよいのか？」

こういったことを考えさせることで、子どもに受け入れ態勢をつくらせ、自ら反省して行為を正すよう導くことが大切なのです。

 理解者を目指す

同じ子どもでも、明るく元気な日もあれば、気分が沈んでいる日もあります。叱られた場合、いつも同じ受け止め方ができるわけではないのです。その時の気分によって、教師の指導を素直に受け入れることができる日もあれば、反発する日もあります。人間ですから当然のことです。子どもだからといって、常

に教師の指導が素直に受け入れられることを求めてはいけません。

とはいっても、叱るべきところは、しっかり叱らなくてはなりません。それには、子どもが素直に教師の指導を受け入れられるように、

「私は、あなたのことを分かろうとしているよ」

というメッセージを送り続け、教師が子どもの理解者であることを伝えることが必要です。

子どもを信じて待つ

　忙しい時代です。私たち教師も、日々時間に追われて生活をしています。自分の思うように子どもが動いてくれて、予定通りに仕事を進めたいというのが本音です。

　しかし、現実は、そう甘くありません。子どもは、教師の思うようには、決してなりません。

「子どもが思うように動いてくれない」

「どうして、何度も同じことを注意させるのか」

　こういった場面は、一日のうちに一度や二度ではないと思います。一度や二度言っても、子どもはなかなか動いてくれません。そこで、子どもがこちらの意図をくみ取ったような仕草を見せるまで、口うるさく注意する。子どもが行動に移すのを自分の目で確かめるまでしつこく言葉を投げ続ける。ついつい、そういう叱り方になってしまいます。

　しかし、このような押しつけ的な叱り方こそ、子どもの自律と自立を妨げる原因になってしまいます。押しつけの叱り方は、子どもを指示待ち人間にしてしまいます。さらに、しつこく繰り返す叱り方を続ければ、やがて子どもから軽んじられるようになっていきます。徐々に、かなり厳しく叱らなくては、指導を受け入れない子に育ってしまいます。ましてや高学年にもなれば、反発され、どんどん子どもとの溝が深くなってしまいます。

　何度注意しても同じことを繰り返す子も、目が合っただけで気付いて改めようとしたり、失敗したあとで悔しそうにしたりと、変化があるはずです。すぐ

には行動に移さない子、反省の色を見せない子、反抗的な子ほど、じつは教師の言うことをよく聞いているものです。意固地になったりプライドやメンツに邪魔されたりして、すぐに行動に移せずにいるだけなのです。

　子どもの自律（立）心を育てるためには、子どもをよく観察しながら、

「子どもは必ず自分の指導を聞いている。すぐにはできなくても、必ず変わる」

そう信じて待つことです。

自信をもって叱る

　子どもにとって、教師は大きな存在です。授業参観や研究授業などで、普段とは異なる服装をすると、必ず子どもからチェックが入ります。気分の悪い日に、表情がこわばったり言葉づかいが荒くなったりすると、それを瞬時に感じ取って、ある子は教師をたしなめ、ある子は教師に接する姿勢を正し、またある子は教師に近寄らないといった行動をとります。私たち教師は、常に子どもに見られているのです。

　子どもの鋭い感性は、教師の姿勢を感じ取ります。子どものことを真剣に考えているかどうか、表面上の体裁を考えて接しているかどうか、日々生活をする中で、子どもは感じ取っているのです。面と向かって、教師から、「あなたは素晴らしいね」と言われなくても、「それはだめでしょう」と注意されなくても、教師が自分のことをどのように思っているのかを、子どもは分かっているものです。ですから、日々の忙しさに流されず、子どもに対する思いや教育者としての「心もち」といった、教師として大切な「根本」について深く考えておかなくては、体裁を取り繕うだけの教師になってしまうおそれがあります。子どもは教師の鏡です。教師として子どもと関わる以上は、体裁だけでなく、心から子どもを思う気持ちを育んでいかなくてはなりません。

　私は、子どもに対してどのような関わり方をしているのかを、時折チェックするようにしています。それは、子どもとの関わり方を振り返ることによって、指導が正しく行われているか、自身の子どもへの思いが間違った方向に進んでいないか、指導に恥じない行いができているかなどを確認するためです。チェッ

クは苦にならないように、ごく簡単な項目で行っています。

> 1）「できなかったこと」より「できたこと」に目を向けて子どもに接しているか。
> 2）子どもの行動を、できる限り黙って見守っているか。
> 3）ケンカが起こった時は、両者の言い分を聞くようにしているか。
> 4）子どもに「ありがとう」と感謝の気持ちを伝えているか。
> 5）教室でマル付けなどの仕事をしている時、子どもに話しかけられたら、目を合わせて話を聞いているか。
> 6）あいさつや返事ができない子には、必ずやり直しをさせているか。
> 7）子どもよりも先に、あいさつをすることを心がけているか。
> 8）子どもの口から、自分の悪かったところを言わせるようにしているか。
> 9）「体調が悪い」「体育を休む」などの連絡は、本人の口から言わせるようにしているか。
> 10）他のクラスの子どもにも、自分のクラスの子どもと同じように指導しているか。

　子どものことを真剣に考え、子どもを伸ばすことに全力をそそぐ姿勢をもつことで、子どもの心に響く叱り方ができるようになります。同じことで叱る時でも、子どもの年齢やタイプ、状況や場面に応じて、子どもが納得するような叱り方を心がけるようになります。例えば、遊びの片付けができない子どもに対して、低学年の素直な子には、「片付けは大切だよ」とひと言で叱り、高学年の子には、「さすが、片付けができる子は違うね」と、その気にさせるような叱り方で返すといったようにです。

　誰でも、子どもを叱ることから逃げたい時もあります。しかし、真に子どものためを思えばこそ、叱り導いてあげなくてはならないのが、教師の大切な仕

事です。同じ叱るなら、子どもの心に響く叱り方ができるようにならなくてはなりません。そのためには、日頃から、「子どもを伸ばすために叱っているか」「偏見なく子どもを見ているか」「自分の面子のために叱ってはいないか」などを省みながら、子どもと関わるようにする努力が必要です。
　「好きだから叱る！」
　「あなたのために叱る！」
　この気持ちさえ揺るぎないものであれば、叱ることに臆病になる必要はありません。
　さあ、目の前の子どもたちの成長を願って、自信をもって叱りましょう。

Ⅰ章

高学年の叱り方指導 ここがポイント！

高学年は、子どもなりに根拠をもって行動する時期です。
それまでとは異なり、
押しつけや強制的な叱り方では納得も反省もしません。
子どもの気持ちに理解を示したり、
人間関係や信頼関係を築いたりしながら、
子ども自らが反省することのできる
叱り方指導に努めなくてはなりません。

Chapter I-1 「叱り」を生かす信頼関係づくりのポイント

> 同じ言葉であっても、「言葉を発したのが誰か」によって、相手の心に響く場合と、そうではない場合があります。心に響く叱り方にするためには、子どもとの信頼関係を築くことが必要です。

　子どもを教え導くために欠かせない要素があります。それは、指導する側の教師と、される側の子どもとの信頼関係です。

　大人でもそうですが、「この人の言葉なら聞き入れよう」という気持ちになるのが人間です。尊敬できない人の言葉は、どんなに正論であっても、受け入れることができないのが普通です。特に、感受性が強く自己中心的な今時の子どもは、なおさらです。

　ですから、私たち教師は、常に自身の生き方に磨きをかけ、子どもに信頼される人になる努力をしなくてはなりません。子どもとの関係を築くために大切なことは、「子どもを教え導く者として、手本となるべき人間を目指す」ことです。

　教師というのは、常に子どもに見られていることを意識して、自分に恥じない行いや、子どもに胸を張って伝えることのできる生き方をしなくてはなりません。

　決して聖人君子のような人間になる必要はありませんし、そんな人は世の中にめったには存在しません。しかし、自分の言葉に責任をもち、誠意をもって行動に移す……そう心がけることができる大人になる努力を続けることはできます。

　子どもの感性は大人以上に鋭いものです。どんなに口では立派なことを言っても、行動が伴わない人は、すぐに見抜かれてしまいます。また、いくら体裁を取り繕ったとしても、その真の姿を子どもはたちまち感じ取ってしまうのです。人が見ていようがいまいが、自分の信念や言葉に対して誠実に責任をもつ姿勢が、大人には、特に子どもを教え導く教師には必要です。「この人は、信頼するに足る人だ」「この人のようになりたい」……そう思わせるような姿を見せることによって、子どもはその人を信頼します。どんなに厳しく叱っても、素直に反省し、受け入れる姿勢を見せるようになるものです。

I -1 「叱り」を生かす信頼関係づくりのポイント……… 23

> まだ未熟で、教わる立場にある子どもですが、子どもとの信頼関係を築くためには、子どもを「人格を備えた人として尊重する」ことを忘れてはなりません。

❶………本気を見せて愛情を伝える

　いくら厳しくても、自分のことを本当に心配してくれる人からの指導であれば、受け入れることができます。他人に迷惑をかけたり、人を傷つけたりするなど、子どもが人として誤ったことをした場合は、本気になって叱らなくてはなりません。

　もしも、我が子が人の道を外れる行いをすれば、親は本気になって叱ります。自分の子どもを愛するがゆえです。本気で叱ることは、本当に子どものことを考えているという証です。そして、その思いは必ず子どもに伝わります。

❷………一貫性のある叱り方をする

　子どもの過ちや失敗の内容に応じて、叱り方を変える必要はあります。しかし、子どもは、
「先生は、こんなことには厳しいんだ」
「先生は、こういうことをしたら絶対に許さないんだ」
といったことは、教師の姿勢から理解していきます。

　子どもや場面に応じて、叱り方に変化をつけることはあるにせよ、「大切にしていることに関しては、必ず叱る」「どの子でも指導する」「全員に周知させる」ことに気を配り、一貫性のある叱り方ができるように心がけましょう。

❸………公平さを保つ

　子どもの、不公平や不平等を感じ取る力は、教師よりもはるかに敏感です。子どもに不公平感、不平等感を抱かせないようにするためには、「すべての子

の良さを見つける」「感情的にならず、冷静に余裕をもって叱る」ことを心がける必要があります。

　気の合わない子の悪い面ばかりに気をとられたり、感情的に叱ったりしていると、知らず知らずの間に、子どもによって言葉遣いや叱りどころが異なってしまい、子どもに不公平感をあたえてしまう危険性があります。

❹………理由を理解させ、納得させる

　「先生に叱られたのは、確かに自分が悪かったからだ」と、このように子どもが納得できる叱り方をしなくては、「先生は、気に入らないと叱る」「気分次第で叱る」と、大きな誤解を招く危険があります。

　それを防ぐためにも、「なぜ叱られるのか」を、しっかりと子どもに理解させることが大切です。教師からの問いかけによって、叱られる理由を理解させることで、子どもは、叱られたことを素直に受け入れ、反省して、後の行いに生かして向上しようと努力することもできます。

❺………自分で考えさせ、反省させる

　教師の思いが受け入れられるためには、子ども自身が、自らの行動を振り返ることができるようにしなくてはなりません。
　「なぜ叱られるのか？」
　「どこが悪いのか？」
　「どうすればよかったのか？」
　「今後は、どうすればよいのか？」
　丁寧に子どもに問いかけながら、子ども自身に考えさせるようにしましょう。
　教師の思いや意見を伝えることは、もちろん大切です。しかし、そればかりでは、単なるお説教や押しつけになってしまい、指導の効果が得られないだけではなく、子どもとの距離が離れていってしまいます。

❻ 行為を叱り、人格を責めない

「君は、いつもそうだ」「また君か～」「何度同じことを言ったら分かるんだ」と思わずそんなことを言ってしまうことがあります。しかし、このような言葉こそが、子どもの心を傷つけるものなのです。そして、それは、その子の行いではなく人格を責めることです。

「人間は失敗を反省し、次に生かすことが大切だ」と、子どもの成長を願うスタンスで子どもを叱らなくてはなりません。子どもの人格を否定するような叱り方は、子どもの自信を失わせたり、「自分を否定的に見ている」と子どもに思わせたりして、不信感を抱かせてしまいます。一方、人格ではなく行いを叱り、自分の成長を信じてくれる教師に対して、子どもは大きな信頼をおくようになります。

❼ プライドを傷つけない

特に高学年の子は、自分が周りからどのように思われているのかをとても気にします。たとえ自分が叱られるような行いをしたことを明確に理解していても、友達の前で叱られることを良しとしない子がほとんどです。

わざわざ大勢の前で叱る必要がないことも多々あります。悪いところを他の子の前でとことん追及したり、無理に謝らせたりすると、プライドを傷つけられたと感じ、教師への反抗心を抱かせてしまいます。

人前で叱らなくてはならないこともありますが、やり方を考えなくては、反省を促すどころか、信頼関係を失ってしまう危険性があります。

❽ 感情的にならず、冷静に

危険な行為を戒める場合を除いて、感情的に叱る必要はないと言ってよいのではないでしょうか。感情的になり大きな声を出すと、子どもに恐怖をあたえるだけの叱り方になって、良い効果は得られません。

高学年にもなると、教師が感情的になっているのを冷めた目で見ている子も

出てきます。感情的になった教師の姿を、楽しむ子さえいます。人間関係ができてしまえば、感情的な姿を見せることにより、信頼関係が深まる場合もあります。しかし、いつも感情的に叱っていると、子どもから距離をおかれるようになってしまいます。

❾ しつこさは御法度！ あっさり叱る

　高学年にもなれば、自分が悪いことをしたということを十分理解しています。それでも、失敗してしまうのが子どもです。

　子どもが素直に過ちを認めたり、反省していることが感じ取れたら、しつこい追及は避けて、あっさり叱ることを心がけます。そして、あくまで冷静さを保ち、必要最小限の言葉で叱るのです。叱り終えたあとは笑顔で会話できるくらいの気持ちで、演技しながら叱るという気持ちが、ちょうどよいでしょう。

　しつこく叱っていると、子どもは、自分の行いではなく、自分自身が悪く思われていると感じるようになり、結果、子どもは教師に近寄ることを避けるようになってしまいます。

❿ リーダーとしての自覚を

　子どもは、リーダーとしての教師に信頼を寄せます。「教師」とは名ばかりで、リーダーシップのない教師、頼りにならない教師に信頼を寄せることはありません。リーダーとして集団を統率することができない教師から叱られても、子どもは何も応えてはくれないのです。

　日頃から学級集団のリーダーとしての存在感を高めることが、子どもの信頼を得ることにつながります。

「叱り上手は、ほめ上手」と言われます。子どもから、失敗を生かして行動を改善しようとする姿勢が見られたら、すかさずほめることを忘れないようにしましょう。

Chapter I-2 叱ったあとのフォローをしっかり

> 子どもの成長を促すことはもちろんのこと、子どもとの信頼関係が深まるような「叱り」にするためには、叱ったあとのフォローが必ず必要です。

　叱ることは相手に対する愛情の表れです。叱られる側も、叱られることで、相手の自分に対する愛情を感じます。そうして、徐々に信頼関係が深まっていくものなのです。しかし、子どもに限らず、やはり叱られることが好きな人はいません。同じく、自ら好んで人を叱っている人はいません。

　子どもは未熟な存在です。叱りっぱなしにしておくだけでは、子どもを思う教師の深い気持ちを理解してはくれません。叱ることで、子どもから疎まれたり、避けられたりすることもあります。「燕雀安んぞ鴻鵠の志を知らんや」とばかりに、そのまま放っておけば、子どもの気持ちは教師から遠ざかってしまいます。そうなれば、いくら子どものためを思って叱ったとしても、教師の指導は受け入れられず、叱ることによって、さらに距離ができてしまうという悪循環に陥ります。

　私たち教師は、子どもの成長のために、叱るという教育的行為を避けては通れません。叱ることによって、子どもが成長し、人間関係を深めるためには、叱ったあとのフォローがとても重要になってきます。それは、「先生に叱られるのは当然だ」「叱られてよかった」「私のことを大切に思ってくれているから叱られたのだ」と、子どもが感じるようなフォローです。

　叱ったあとのフォローができるか否かは、大人であり、指導者である教師の姿勢が問われるところです。叱ったあとの気まずさを引きずって、子どもに声をかけられなかったり、良い行いをほめられなかったりするのは、その教師が、子どもと同じレベルで向き合っているということです。日頃から、指導者であるという心構えで、高く広い視野で子どもと接することにより、子どもとの摩擦を防ぎ、子どもの成長を促す態度や言葉がけができるようにしなくてはなりません。

I-2 叱ったあとのフォローをしっかり

> 叱ったあとのフォローは、真の反省を促し、子どもを勇気づけ、教師への信頼を深めます。自分の不足を素直に反省させ、成長を促すために、的確なフォローをすることが必要です。

❶………何事もなかったかのように接する

　一通り叱って、子どもが反省したと感じたら、あとは何事もなかったかのように、その子と接するようにします。指導を終えた次の瞬間には、笑顔で楽しく会話ができるくらいのイメージです。いつまでも叱った時のことを引きずって、不機嫌な顔で接したり、避けるような態度をとったりすると、その子は、「先生に嫌われている」「ダメな子だと思われている」と受け取り、叱られたことよりも、教師の顔色に気を配ることに重きをおくようになります。それが続くと、教師を疎ましく感じるようになり、信頼関係が失われてしまう危険性があります。

❷………しっかり観察！　努力や成長を認める

　特に叱ったあとは、その子を注意深く観察します。教師の指導したことを受け入れ、行動を改善しようと努力する様子が見られたら、それを見逃さず、すかさずほめることが大切です。「悪いことは悪い」、でも、「良いことは良い」と認めてくれる教師の姿は、子どもに努力することの素晴らしさや、自分自身の成長を感じさせることにつながります。

　そして、「先生は、自分のことを見てくれている。大切に思ってくれている」と、教師を信頼するようになっていきます。

❸………「みせしめ」にしない

　高学年にもなれば、プライドがあります。人前で自分の失敗を叱られることを極端に嫌がる子も少なからずいます。危険がおよぶ行為など、どうしても必

要な場合を除いて、子どもの自尊心を傷つけないように配慮しながら叱ることが必要です。周りで見ている子がいることを意識して、穏やかにたしなめたり、子ども自身で反省の言葉を言えるように導いたりします。どうしても厳しく追及しなくてはならない場合は、個別に呼び出して指導するのが原則です。

他の子への指導に必要な場合は、「クラスの問題として、皆に提案してよいか？」と、その子を納得させた上で、全体に話すようにします。

❹……素直に叱られる「強さ」をほめる

素直さと誠実さは、子どもの成長にとって欠かすことのできない大切な要素です。自分の非を素直に認め、反省することができたら、そのことを大いにほめて終わりましょう。場合によっては、クラス全体の前で、その姿勢をほめることも必要です。

自分の非を認め、反省することは素晴らしいことだと、子どもたちが理解し、実行することができる雰囲気をクラスの中につくり上げて満たし、本当の意味で強い子を育てることが大切です。

❺……友達づてに「賞賛」を伝える

直接ほめられるよりも、「あの子は、こんなところが良い」と、人づてに聞く方が、うれしいものです。日頃から子どもの良いところを見る目を養い、特に叱ったあとには、他の子に「今回は失敗したけれど、すぐに立ち直るのがあの子の良いところだね」というように、笑顔で話すように心がけます。

教師の愛情が伝わり、叱ったことが効果的にはたらくようになります。

朝の会や学級会で、「叱られなかったらどうなる？」と、「叱られることの意義」を考えさせ、「叱られることで成長できる」「大切にされている証拠」と理解させましょう。

Chapter I-3 高学年男子に顕著なタイプ別指導のポイント

> 高学年の男の子は行動的で活発です。目立つ行動をする子が多く、叱られることが多くなります。だからこそ、形だけの叱り方にならないよう、子ども自身の反省を促す叱り方を心がけなくてはなりません。

　女性である母親には理解できない行動をとるためでしょうか、元来行動的である男の子は、幼い頃から叱られてきた経験が豊富です。幼い頃から、何かと注意されたり叱られたりして、「叱られ慣れ」している子が少なくありません。

　そのため、「この場を我慢しさえすればいい」「反省するそぶりを見せておけばいい」と、見せかけの反省をするだけで、叱っても本当の反省につながらない場合がしばしばあります。高学年になると、「また、同じことで叱られるのか」「いちいち細かいことでうるさい」とばかりに、親や教師に反抗的な態度をとる子も出てきます。特に、家庭で恐怖を感じるような叱られ方をしてきた子は、教師が少々厳しく叱っても、何の効果もありません。このような反抗的な子は、「自分が大切にされているから叱られる」ことや「叱られることで成長できる」と理解することができず、ひたすら叱られることから逃げています。

　些細なことを、繰り返しくどくどと叱られるのが、男の子にはもっとも耐えられないことです。しっかりしてほしいという気持ちは分かりますが、高学年男子を叱る時は、基本的に「あっさり」がポイントです。また、叱られてしょんぼりしている姿を、他の子に見られたくないというプライドもあります。男の子には、「叱られた」と感じさせず、「自分で考えた」「自分で反省した」と実感させるような叱り方になるよう気をつけましょう。

　表情や態度から気持ちを理解することが容易で、根は素直でかわいらしいのが男の子です。ひとたび信頼関係が築かれれば、少々のことがあっても、ついてきてくれるのが高学年男子の良いところ。その子に対する思いが伝わる叱り方を工夫して、信頼関係を築き、教師の思いを素直に受け入れてくれる素地をつくりましょう。

効果的な対応	やってはいけない対応

I-3 高学年男子に顕著なタイプ別指導のポイント

> 高学年男子は、良し悪しを理論的に理解することができ、自分が悪いと思ったら素直に受け入れることができます。反抗することもありますが、基本的に気を遣わずに叱ることができます。

❶………目立ちたがりやサービス精神が旺盛なタイプには

　場の雰囲気を盛り上げてクラスを明るくすることができる反面、それが行きすぎて、悪ふざけをしてしまう子がいます。本人に悪気がなくても、知らず知らずにいじめを広げる中心になったりもします。このような子には、「調子にのってきたな」と感じたら、早めに少し厳しい言葉でたしなめ、行きすぎないように釘をさしておくことがポイントです。日頃から人を笑わせたり、クラスの固まった雰囲気を変える言葉を言ったりした時にしっかり認めて、脚光を浴びるようにしてあげれば、叱った時にはやりすぎを反省するようになります。

❷………荒っぽい行動が目立つタイプには

　友達にすぐに手を出したり、物に当たったりして、荒っぽいことをしてしまう子がいます。このような子には、言葉で表現する力を身に付けさせることが必要です。荒っぽい行為は、まず、有無を言わさず止めさせ、その場では何も叱らず、本人が冷静になってから指導に入るのが基本です。力ではなく、言葉で気持ちを伝えさせるために、「何が悪いか？」「なぜ怒ったか？」「怒りにまかせて行動すると、あとでどうなるか？」といったことを問いかけながら考えさせていきます。そして時間はかかっても、頭で理解できたことを必ず本人の口から言わせるようにします。荒っぽい子にこそ冷静に接し、その子の思いを吐き出させてあげることが重要です。

❸………大ざっぱで細かいことを気にしないタイプには

　行動が雑で、同じことを何度繰り返しても、なかなか身に付かない子がいま

す。やっきになって、くどくど叱ることを繰り返すと、人格を否定されているように感じてしまい、どんどん自信を失って、直すべきことよりも、自分の性格を責めるようになります。

　このタイプの子は、かなり厳しく叱っても、あとに引きずることがないという良さがあります。短い言葉で直すべき点をきっぱりと伝え、さらにひと言ユーモアを付け加えるくらいの気持ちで叱るとよいでしょう。

❹………「ボス」的存在のタイプには

　クラスの中で、教師よりも影響力をもつ子がいます。意図的であるか否かにかかわらず、このような子には細心の注意が必要です。挑発的な態度に腹を立てたり、抑えつけたりせず、「よしよし、かわいいね」という包容力を見せることがポイントです。本人だけでなく、周りの子が見ていることを意識して、「教師の方が上だ」と感じさせるように、穏やかに毅然とした姿勢で叱ります。

❺………こだわりが強いタイプには

　興味をもったことは、とことん調べたり知識を吸収できたりしますが、他のことはおかまいなしという男の子がいます。周りが見えず、他の子に迷惑をかけることもしばしばです。このタイプの子には、一対一でじっくりと話をすることが必要です。どのような行為が人の迷惑になるのか、どのように行動すればうまくいくのかということを一つひとつ丁寧に話しながら、本人が納得するまで考えさせるといったことを継続して行います。

高学年男子の良さは、冗談が通じることです。時に教師の失敗談などを伝えることで、親しく感じてくれます。「まじめであるべき」という姿勢で子どもに接すると、効果的です。

高学年女子に顕著なタイプ別指導のポイント

> 高学年の女の子は、教師の話をしっかり聞くことができ、目立った悪さや大きな失敗をすることがありません。むしろ、教師が気付いた時には、問題が深刻な状況になっていることが多くあります。

　まじめで責任感が強く、細かい気配りができるのが高学年女子の特徴です。目立った悪さをすることはなく、教師の指示やきまりを守ることができます。信頼関係が築かれていれば、教師の気付かないところを教えてくれたり、悪ふざけをする男子を注意してくれたりと、高学年女子ほど頼もしい存在はありません。

　しかし、一度そっぽを向かれるとたいへんです。どんなことでも、都合のいいように解釈し、自分の非を認めず、教師を批判するようになります。だから、叱り方も難しいのです。

　高学年女子の叱り方のポイントは、「あなたを信じている」「あなたなら必ずできる」と感じさせることです。加えて、「恥をかかせない」ことです。「やめなさい」「反省しなさい」といった一方的に押しつけるような、しかも周囲の子にあからさまに叱られていると分かるような叱り方をしてはいけません。ほんの些細なことでも、子どもに決定させるように仕向け、ほめて終わるような叱り方を心がけます。例えば、掃除中におしゃべりをしていれば、「どんな掃除の仕方がベストかな？」などと尋ねます。子どもが答えたら、「さすが、よく分かっているね」とほめ、行動にとりかかったら、「頼りになるね」とさらにほめるという具合です。一対一で叱る場合でも、基本は同じです。

　高学年女子が、きまりをよく守り、目立った悪さをしないとは言っても、子どもには変わりありません。男子と同じように叱り、反省を促さなくてはならない場面は必ずあります。目立ったことをしない分、男子以上に指導する場面をつくらないと、教師の目をくぐり抜けて、ズルをしたり、見えないところで友達にひどいことをしたりするのが常習化してしまいます。関係を良好に保つ叱り方に十二分に気を付けながら、しっかり指導していくことが必要です。

やってはいけない対応 / 効果的な対応

効果的な対応

- 中は読まないから。今は、何をする時間か分かるよね
- 授業中です
- 素直に出してくれてうれしいよ。手紙は後で取りにきてね
- 内容は、本人に聞こう

やってはいけない対応

- 何を書いていたのですか？すぐに出しなさい
- 授業中に何をやってるんですか！こんなこと書いて！
- 何よ！ みんなの前でそこまでやらなくても。

Ⅰ-4 高学年女子に顕著なタイプ別指導のポイント

> 高学年女子には、教師の願いをダイレクトにぶつけたり、正論で説き伏せたりすると、かえって反発されます。まずは、「大切に扱われている」と感じさせ、信頼関係を築きましょう。

❶………周囲を気にして、目立った行動をしないタイプには

　周囲を気にして、目立った行動をしない子には、その子をよく観察して、他の子と同じように関わってあげることが大切です。そばに行って優しく叱り、時には、叱られるような大胆なことができたことをほめるくらいで接しましょう。教師が話しかける、叱るということは、その子にとっては、「私も先生に見られている」という存在感を感じさせることにつながります。

❷………特定の集団に属さないと不安なタイプには

　何をするにも、仲のよい子と一緒でなくては不安で、他の子とはまったく一緒に活動しようとはしない子がいます。このタイプの子には、多くの子と活動させることで、自分の良さを伸ばしたり可能性に気付かせたりする機会を、教師が意図的につくる必要があります。

　多くの子と関わることで交友関係が広がってきたら、その変化を見逃さず、ほめて自信をもたせるようにします。

❸………大人びた態度をとりたがるタイプには

　高学年にもなれば、女の子の中には、髪型や服装、言葉遣いなど、大人と同じような態度をとりたがる子がいます。このタイプの子は、「大人になりたい」という憧れを強く抱いています。大人びた態度や外観を真っ向から否定したような叱り方をすると、子どもは、自分を否定されたように感じてしまいます。

　まずは、「大人に憧れる気持ち」を受け入れてあげることが必要です。教師が思春期だった頃の経験談を話したり、子どもから流行のファッションの話を

聞いたりして距離を縮め、関係を築いていくようにします。

その上で、きまりを守ることや、相手に対する礼儀などが、大人になるためには学ばなくてはならないことだと、機会をとらえて考えさせていくようにしましょう。

❹……表と裏の「顔」があるタイプには

教師やクラスメイトの前とそうでない時とで、行動や態度が異なる子がいます。このタイプの子は、じつは自分自身に自信をもつことができていません。人から認められたいという気持ちから、自分を良く見せようとして、表と裏の顔をつくってしまうのです。

このような子には、まず「ありのままのあなたが良い」ことを伝えることです。そして、失敗をしたり過ちをおかしたりした時には、注意したあとで、「それが子どもらしくて良いところだ」と認めてあげます。また、「ごまかすことは損」「格好つけることは必要ない」ことを、朝や帰りの会などで、クラス全員に向けて時折話すようにします。

❺……気分次第で対応に大きく差のあるタイプには

同じ指導をしても、気分次第で素直に受け入れたり、反抗的な態度をとったりする子がいます。このタイプの子には、その子の顔色をうかがうことはせず、教師がいつも一貫して、同じ姿勢で指導することが重要です。相手の気分に流されて、対応を変えてはいけません。どんな時でも一貫性のある指導を続けていれば、その子も、自分の気分によって教師の指導が揺らぐことがないと理解し、気持ちも安定してきます。

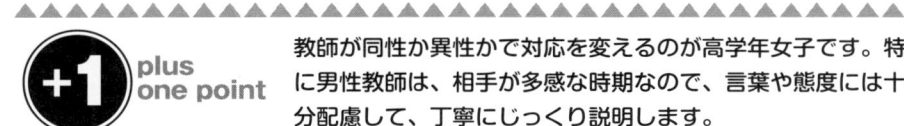

+1 plus one point 教師が同性か異性かで対応を変えるのが高学年女子です。特に男性教師は、相手が多感な時期なので、言葉や態度には十分配慮して、丁寧にじっくり説明します。

Column 1

「叱りとは何か」に気付かせてくれた元教え子

　教師として駆け出しの頃、若かった私は、子どもの言動にカチンとくるところがあると、とにかく厳しく対応していました。宿題をやってこない子がいれば、とことん問い詰める。掃除をさぼっている子がいれば、大声でどなりとばす。仲間はずしをした子がいれば、有無を言わさず他の子の前で責め立てる……。まだ若かった私は、とにかく厳しく叱咤すれば、子どもは反省して心を改め、成長するものだと信じて疑わなかったのです。実際、私が厳しく指導すれば、子どもたちは素直に謝り、反省をして、行動を改めていました。

　それから十余年がたち、子どもたちの同窓会に招かれた時のことです。立派な大人になった教え子たちと酒を酌み交わしながら、思い出話に花を咲かせていました。そのなかで、ある子がこんなことを言ったのです。

　「先生は、怒るとむちゃくちゃ怖かった。どうして、こんなに些細なことで厳しく怒られるのか、分からないことも多かった。今でも、分からないことがあるよ」

　昔を懐かしむ優しい笑顔と、穏やかな口調でしたが、それは私の指導に対する痛烈な批判でした。子どもの成長を願えばこそと、厳しく叱ってきたつもりです。しかし、彼のひと言で、私は、「子どもを自分の意のままに動かすことで満足していたのではないか」と、これまでの自分の指導に疑念を抱いたのです。

　この一件で、「叱りは、子どものためにある」という、ごく当たり前のことを、実感をもって受け入れられたような気がします。正義感と使命感に燃えていたとはいえ、今になって考えてみれば、子どもたちとの信頼関係を失いかねない危険な叱り方をしていたと、ぞっとせずにはいられません。

　それからの私は、子どもへの叱り方や関わりについて、真剣に考えるようになりました。そして、厳しさ一点張りで子どもに恐怖を植え付けるような叱り方が、どれだけ自己満足的な叱り方で、子どもの成長を妨げる叱り方であるかということに気付いたのです。

　「厳しく叱るだけではダメだ。叱られる理由や改めるべき点を、子ども自身が納得できなくては意味がない」

　子どもたちは、私たち教師に対して、いつも大切なメッセージを伝えてくれているのだと思います。

Ⅱ章

[場面別]
困った高学年男子への指導のポイント

> 1．生活場面
> 2．学級活動場面
> 3．授業場面
> 4．友達関係場面

競争心が強く、目につく行動をするのが男の子です。
高学年にもなれば、強制的に従わされることを嫌い、
ときに反抗して統率権を教師から奪う行動に出てきます。
一方で、サービス精神旺盛で、頼りになる存在でもあります。
このような高学年男子の特性を理解して
指導することが大切です。

Chapter II-1 生活場面での困った高学年男子

> 高学年男子の中には、持ち物や時間など、学校生活のきまりを守らない子がいます。そのまま放置しておいては、後々、大きな問題に発展するおそれがあります。

◉「悪い」と知った上でやるのが高学年

　低学年や中学年であれば、良いことと悪いことの区別を、頭で分かっていても、ついうっかりやってしまうことが度々あります。客観的に自分の気持ちや行動を省みる力もまだ十分身に付いていません。

　しかし、高学年にもなれば、やってはならないこと、やらなくてはならないことの判別は十分についています。客観的に自分を振り返ることもできますし、自分の行動が、どういう結果を引き起こすのかも、分かっています。例えば、わざと遊び道具を持ち込む、乱れた服装で登校する、時間に遅れる……。高学年の子は、「悪い」と分かっていてきまりを破ることも多々あります。加えて、クラスの統率権を教師から奪う行動に出る子もいます。

　そこを、どのように改めさせるかというところに、叱り方の工夫が必要になります。

◉男子特有のプライドを理解する

　高学年になると、男の子は、「従わされる」ことを恥だと感じるようになります。教師が高圧的に出れば出るだけ、教師に従うことを拒絶します。特に、友達が見ているところでは、その傾向が顕著になります。反対に、男子は「さすが力があるね」とほめれば、机やストーブなどの重い物を、一生懸命運んでくれます。「先生より早く教室に行けるかな？」と言えば、一目散に走り出すのも男の子です。

　高学年男子には、厳しい言葉であっても、「短くあっさり叱る」ことが基本です。些細なことを細々と注意されることは、もっとも嫌います。うんざりするのです。それを、無理に改めさせようと、しつこく迫ると、「意地でも従うものか」とな

男子 生活場面

ります。低学年や中学年のように、「力」で押さえつけることはできません。力で抑えようとすれば、特に男子はあからさまに反抗します。子どもが自ら「しまった」と感じるような指導をすることで、反省もし、反抗もしなくなります。

やってはいけない叱り方

> 待ちなさい！
> 靴のかかとを踏むのは……
> くどくど

❗ くどくど説教するのは、高学年男子にとって、もっとも効果が期待できない叱り方。

効果的な叱り方

> かかとナーシ！
> 直しなさい

❗ 厳しい言葉でも、短くあっさり叱られると、高学年男子は、行動を改めやすい。

Ⅱ-1 生活場面での困った高学年男子

Ⅱ-1-生活場面……①

服装が乱れていたり、わざと乱したりしている子がいる

上着をズボンから出している、靴のかかとを踏んでいる、制服に手を加えたり学習に適さない服装をしてくる、名札を付けていない……など、学校で決められた服装ができていない子がいます。ワルぶって格好つけたいこの時期の男子には、どのような指導が必要なのでしょうか。

どうすればいいの❓
男の子がもっているプライドを傷つけない。
本当の「格好よさ」について、日頃から考えさせる！

指導のポイント❶＞＞＞＞本当の格好よさを伝え続ける

服装をわざと乱す子には、「目立ちたい」「ワルぶって格好つけたい」と思う気持ちを理解した上で指導します。服装の乱れを注意したあとで、「本当に格好いいってどういうことか分かる？」と考えさせるようにします。偉人やスーパースターなどの話を取り入れながら、努力や忍耐を積み重ねて、何かを達成することの格好よさを教えていくことが大切です。人前で大きな声で発表したり、みんなのためにがんばったりすることが、格好いいことだと伝え続けましょう。

指導のポイント❷＞＞＞＞学校は勉強するところと再確認させる

「学校は、勉強するところ」ということを再確認させましょう。なかには率先しておしゃれを進める親もいますから、日頃から保護者会や学級通信などで、服装について発信していくことも大切です。

小学生らしい服装について学級で考える機会をもち、学校生活の本分を常に確認させて、クラスを正常に保つようにします。周りの子がきちんとした服装をしていれば、乱れた服装をする子も、服装を正そうという意識が出てきます。

指導のポイント❸＞＞＞＞短く指摘する

服装の乱れが、すべてを乱していくことを理解させたいところですが、わざと服装を乱すような子には、逆効果。あまりしつこく指導すると、あからさまに反抗的な態度をとってきます。

ボタンを外していたり、靴のかかとを踏んでいたりするのを見かけたら、指さして、「指導！」とひと言告げます。乱れていたら、必ず指導することが大切です。すると、教師を見かけたら素直に服装を正すように変わっていきます。

+1 plus one point　無理に服装を直させる叱り方はNGです。「外圧」で強制されることを、男子は極端に嫌がります。「男のプライド」を理解しましょう。

Ⅱ-1-生活場面……②

時間にルーズで、授業開始時刻を守れない子がいる

登校時刻を過ぎて教室に入り、毎日のように、朝の会や朝学習に遅刻する子がいます。また、休み時間が終わっても、だらだらと遊んでいて、授業に遅れてくる子もいます。このような子に、時間を守るルールを身に付けさせるには、どうすればよいのでしょうか。

どうすればいいの？
時間を守らなければ、自分が困る状況を演出する。
教師が率先して時間を守る姿勢を見せる。

指導のポイント❶＞＞＞＞子どもは教師の鏡と心得る

　自分自身が、授業開始と終了の時刻を守っているか。子どもより先に教室に入るよう心がけているか。時間にルーズな子が数人いたら、まず教師自らの行動を振り返ってみましょう。

　教師に時間を守る姿勢がなければ、子どもは、「少々遅れても大丈夫」と考えてしまいます。

　教師自ら率先して時間を守る姿を子どもに見せることが、もっとも効果的な方法です。

指導のポイント❷＞＞＞＞厳しい言葉より、厳しい現実を

　厳しい言葉で注意しなくても、教室に戻ってきたら授業が始まっていれば、子どもは困ります。「しまった！」と反省します。周囲の目や授業が分からなくなることに気付いて、「次からは、遅れないようにしよう」と考えるはずです。

　高学年で身に付けさせたいことは、「自分自身で考えて行動する力」です。厳しく指導したとしても、それは教師の圧力によるもので、決して子どもの自覚を高めることはできません。

指導のポイント❸＞＞＞＞粘り強く家庭の協力を要請

　電灯当番のような仕事を任せ、責任感と存在感に訴えかける方法も効果的です。しかし、遅刻を繰り返す子は、厳しく叱っても、なかなか改善されるものではありません。遅刻を防ぐ方法を、保護者と担任と本人が一緒に考えながら、粘り強く指導を続けるのが基本です。保護者の許可が得られれば、朝一番に電話連絡を入れて、登校を促し、定刻に登校する習慣を身に付けさせるようにします。

+1 plus one point　将来、大人になった時、時間を守ることができない人は信用されず、成功できないということを、日頃から話し、時間を守ることの大切さについて、考えさせる機会をつくりましょう。

Ⅱ-1-生活場面……③

何度言っても机やロッカーの整理ができない子がいる

机の奥でプリントやテストがクシャクシャになっていたり、ひどい場合は、カビの生えたパンまで入れたりしている子がいます。掃除中に、中のものが散乱したり、大切な連絡用のプリントが放ってあったりすることも少なくありません。繰り返し注意しても、なかなか整理ができません。

どうすればいいの？ 友達同士で注意し合える環境をつくる。
自分で気付かせ、整理する力を身に付けさせる。

指導のポイント❶＞＞＞＞落とし物は先生の物

　床の上に落ちている物がそのままになっていたら、「これは、所有権放棄とみなして、先生の物になります」などと叱ります。すると、整頓に無頓着だった子が、慌てて机の周りを見回して片付け始めます。

　「所有権放棄」「拾得物押収」などの言葉を使って、暗に片付けなさいと指導することで、「所有権放棄」「拾得物押収」という言葉がキーワードになり、子どもの間で「放棄」「押収」という言葉が飛び交うようになります。このように、机の周りに物が落ちていたら、互いに注意し合うようにしていきます。

指導のポイント❷＞＞＞＞自分で気付かせる仕掛けを

　高学年にもなって、毎日教師の指導で整理整頓をするのは、自立という面からも勧められる方法ではありません。

　下校後に、子どもの机をチェックしておいて、そっと、机上に反省文の用紙を置いたり、参観前に「後ろから見られて恥ずかしいところはないか」と問うたりして、整理整頓ができていないことに子ども自身が気付くことができるように導きます。

指導のポイント❸＞＞＞＞配付物は、即、ランドセルへ

　何日も前の保護者宛の連絡プリントが机の中に丸めて放ってあることがあります。期限内に提出を求めるといった書類もあります。このような重要な配付物が保護者に届かないということを防ぐために、特に重要な配付物は、配ったあとですぐにランドセルに入れさせるようにします。もし、配付物を保護者に見せていなければ、多くの人に迷惑をかけたことについて厳しく叱りましょう。そして、必ず保護者に渡す方法を考えさせ、報告させるように指導をします。

+1 plus one point　学び合いのひとつとして、上手に整理整頓ができる子の整理術を紹介して、「これならできそう」と思う方法を選ばせ、報告と実践をさせます。

Ⅱ-1-生活場面……④

教師に反抗的、暴力的な態度をとる子がいる

高学年男子の中には、教師が注意すると、敵意をあらわにする子がいます。教師の言うことをまるで無視するかのような態度をとって、叱られることから逃げてしまうのです。このような子には、叱るのをためらいがちになりますが、そういうわけにもいきません。

どうすればいいの？
叱ることから逃げない！
冷静に対処することを心がけ、集団の力で子どもの成長を促す。

> 掃除を一生懸命やらない人が多いね
>
> 注意できるほど、しっかり見てるのかよ
>
> 私、ちょっとさぼってました〜
>
> ごめんなさい

50

指導のポイント❶＞＞＞＞叱ることから逃げない

　反抗されるからと、叱らないでいると、「なぜ、あの子だけは叱られないの？」と、他の子が不満をもつようになります。また、このタイプの子は、教師に反抗することで、学級の中での自分の存在感を誇示しています。「教師など恐くない。教師より俺の方が上だ」と、周囲の子を引き入れていきます。叱ることを避けて放置しておくと、多くの子どもとの信頼を失い、最悪の場合、教師対子どもという構造が学級に生まれてしまいます。

指導のポイント❷＞＞＞＞子どもの上に立ち、冷静に接する

　このタイプの子は、叱れば叱るほど、挑発的な態度をとります。まるで、教師が感情的になるのを楽しんでいるかのように、「何で悪いの？」「そう？」という態度をとります。このような時こそ、あくまで冷静に接することが大切です。挑発にのって感情的な姿を見せれば、子どもと対等になってしまいます。穏やかな口調の中にも、毅然とした態度で話をするように心がけましょう。

指導のポイント❸＞＞＞＞集団の力で育てる

　教師に反抗的な子がいる学級こそ、他の子と教師との関係を密にしておく必要があります。そして、多くの子が教師を信頼し、素直に反省することができる集団に育てることが大切です。

　反抗的な子がもっとも恐れているのが、仲間が自分から離れていくことです。クラスが教師を中心に動き、叱られることで成長する集団の中では、むやみに教師に反抗することはできません。前向きで素直な集団の中でこそ、このような子は成長することができるのです。

+1 plus one point　反抗的な子ほど、教師の言動を観察しています。他の子を叱ったり、全体に注意を喚起したりする時は、「おれのこと？」と思わせるくらい、常に反抗的な子を意識して指導します。

Ⅱ-1-生活場面……⑤

学校の物を乱暴に扱い、壊す子がいる

窓ガラス、椅子、鉛筆削り器……。時々、子どもが学校の物を壊してしまうことがあります。事故で物を壊してしまうのがほとんどで、その時々の状況に応じて、子どもへの対応は異なります。しかし、乱暴な扱い方をしたり、故意に壊したりする子には、相応の指導が必要です。

どうすればいいの？ 公共の物を壊すことの重大性と、責任のとり方をしっかりと教える。

> こんな所でほうきを振り回したらどうなるか分かるよね
>
> 教頭先生のところに行って話を聞きます
>
> これは、おうちの人にも連絡する必要があるね
>
> たいへんなことになったよ。軽はずみだったな

指導のポイント❶＞＞＞＞不注意も、高学年になれば故意

　たまたま近くにあった物を壊してしまう場合がありますが、このような時は、叱ってはいけません。落ち込んでいる子には、励ましの言葉をかけてあげるくらいでちょうどよいのです。
　しかし、室内でのボール遊びや、鬼ごっこなど、高学年にもなれば、何が起きるか予想することができる行いで物を壊した時は、指導が必要です。危険性があること、予測することの大切さ、周囲への迷惑についてしっかり考えさせた上で、高学年になれば、故意に壊すのと同じくらい重大な過失であることを伝え、同じ過ちを繰り返さないように指導しましょう。

指導のポイント❷＞＞＞＞故意の場合は、厳しい対処を

　彫刻刀で机に傷をつける、壁をたたいて壊すなど、故意に乱暴な扱いで物を壊した子には、厳しい姿勢で臨まなくてはなりません。わざと学校の物を壊すのは犯罪行為であるというくらい、厳しく指導します。このような場合は、一通り担任が指導したあとに、生徒指導の教師や管理職からも指導を入れてもらい、場合によっては、保護者に連絡して弁償問題も含めて指導する必要があります。

指導のポイント❸＞＞＞＞責任をしっかりとらせる

　公共の物を壊したことに対する責任のとり方を教えなくてはなりません。後片づけをさせたり、管理職や保護者の前で、自分の行いを振り返らせ反省させたりすることも、自分がやったことに対する責任のとり方を教えることです。また、この時、担任も、「指導不足」を管理職に謝ることで、自らが責任をとる姿を子どもに見せることが大切です。

+1 plus one point　子どもがケガをしていたり、そのままにしておくとケガ人が出る可能性があったりする場合は、物を壊したことに対する指導は後回しにして、子どもの安全を優先させましょう。

Ⅱ-1-生活場面……⑥

ゲームや遊び道具、マンガ雑誌などを持ってくる子がいる

マンガやカード、ゲームなど、学校で禁止されている、学習に不要な物を持ってくる子がいます。高学年にもなれば、成人向けの雑誌などを持ち込む子もいます。持ち物については、事細かくルールを決めるのもわずらわしく、子どもの持ち物をことごとくチェックするわけにもいきません。

どうすればいいの？
規律を崩さないために、必ず指導！
「きまりを守る」ことの大切さを教える。

- 自由に遊び道具を持ってきたら、学校はどうなると思う？
- きまりを守らなくなって、めちゃくちゃになると思います
- 勉強しなくなる人が出てくると思います

指導のポイント❶ >>>> 「蟻の一穴」に心を配る

「キーホルダーくらい……」と、持ち物のきまりをあやふやにすると、クラスの規律が崩れる危険性があります。持ち物について、子どもから尋ねられたら、禁止されているものは「ダメ」、あやふやなものは「他の先生と相談」というように、必ず主導権を教師が握るようにしなくてはなりません。子どもは、「このくらい大丈夫かな？」と、教師を試してきます。優しい言葉で叱る程度で、子どもが指示に従っているうちに、教師が主導権を握ることが重要です。

指導のポイント❷ >>>> 全員で確認、例外を排除

持ち物のきまりを破る子や、持ち物について尋ねる子がいたら、必ずクラス全体で、持ち物のきまりを確認するようにします。
「これは、だめだったよね！」
「これは、どうなっていた？」
と確認することで、教師の対応に一貫性が保証され、例外的な対応を排除することができます。

全体の場での確認は、きまりを守れていない子にとっては、自分の行動を顧みて反省する場にもなる効果的な叱りと言えます。

指導のポイント❸ >>>> きまりを守る意義を教える

持ち物に限らず、学校のきまりは何のためにあるのかを考えさせます。学級活動や「道徳」の時間に、子どもに意見を出させて話し合うようにさせれば、子どもなりのさまざまな考えが出ることでしょう。

ここでもっとも大切なことは、指導する教師自身が、「小学校のきまりを守る意義」について、明確な考えをもっていることです。

+1 plus one point 小学校や中学校のきまりを守ることは、将来社会で必要な力を身に付けるためです。学校のきまり程度が守れないようでは、厳しい社会に出て生きていくことなどできません。

Ⅱ-1-生活場面……⑦

放課後のきまりを守らない子がいる

危険な自転車の乗り方をする、校区外に遊びに行く、買い食いをしながらたむろする……。教師の目が届かない放課後、学校のきまりを守らない子がいます。下校して、学校の管理を離れているとはいえ、子どもたちの安全や生活態度を守るために、放課後の子どもへの指導が必要になります。

どうすればいいの？ 保護者との連携を強化して、情報収集に努める。
気になったら、どんなに些細なことでも必ず指導！

> 高学年くらいになれば、校区外に行ってもいいのではないですか？

> ご家庭の責任で、やっていただけるのですよね！

> きまりを守ることの大切さを教え、子どもの安全を守る点で、学校では禁止しています

指導のポイント❶＞＞＞＞情報を集めて予防する

　放課後の生徒指導は、予防がすべてと言っても過言ではありません。
　買い食い、校区外で遊ぶ、自転車のマナーに反した乗り方など、子どもたちの会話から、きまりが守れていない子の情報が入ることがよくあります。どんなに些細なことでも、必ず本人や周りの子どもから話を聞くようにします。情報の流れが滞らないように、些細なことは厳しく叱るのではなく、話を聞いて、たしなめる程度にします。要は、「学校に必ず情報が入る」ということを、子どもに分からせることが、予防につながります。

指導のポイント❷＞＞＞＞保護者との連携を

　放課後の過ごし方を、年度初めだけでなく、保護者会の議題に取り上げたり、学級通信で確認したりします。そして、放課後の過ごし方を、ほんのわずかな時間でも子どもから聞いてもらうようにお願いします。その会話から得た情報で、気になることがあれば、連絡帳などで伝えてもらうようにします。
　くれぐれも情報源が分からないように配慮しながら子どもを指導します。

指導のポイント❸＞＞＞＞日頃から自律心をくすぐる指導を

　放課後は、教師の目がほとんど届きません。だからこそ、自律の心が試される場でもあります。高学年にもなれば、物事の善し悪しの判断力や、結果を予測する力を身に付けておかなくてはなりません。
　いつも、大人が「これはダメ。あれはダメ」と、先回りするような指導を続けていては、いつまでたっても子どもは成長しません。失敗の原因や改善策を子どもに考えさせながら、「結局、自分を動かすことができるのは、あなた自身だよ」と、子どもの自律心を育てる指導が大切です。

+1 plus one point　校区外に行くことや、買い食いを許可する家庭もあります。学校としての立場を伝え続け、その上で、保護者が許可するのなら、保護者の責任と考え、対立するのは避けるのが基本です。

Chapter II-2 学級活動場面での困った高学年男子

> 当番や係活動をさぼったり、遠足や修学旅行などの行事で、自分勝手な行動をとったりする男の子がいます。自分の思い通りにならないと、すねたり、友達のじゃまをしたりと、わがままな行動もします。

●目立つ行動が多いのが男子

　高学年になっても、男の子は叱られるような目立った行動をする子がほとんどです。掃除中にほうきでチャンバラをしたり、鬼ごっこをしたり、床に寝転んでさぼったりと、とにかく目につきます。学校行事や学級活動でも、自分勝手な行動で周りの友達に迷惑をかけたり、身の危険をもたらすような行動をとったりと、誰の目から見ても「悪い」ことが明白です。

　このような行動は困ったものですが、じつは本人も、自分が悪いと分かっているので、指導もしやすいと言えます。自分の行いを振り返らせ、反省すべき点や改善点を考えさせる叱り方を効果的に行うことができるのが高学年男子です。

●男の子の「かわいらしさ」を理解する

　特に高学年の場合、男子の考え方や行動は、女子と比べて幼く見えます。学級活動での困った男子の行動には、「自分が気に入らないからきまりを破る」「後先考えず衝動的にやってしまう」といった幼さも多々見られます。

　このような高学年男子の幼さの残る行動に対する指導は、母親が、子どもの間違った行為を厳しく叱って止めさせ、機嫌を直すために「よしよし」と頭をなでて気持ちを落ち着けておさめるイメージで行います。教師という立場から一歩引いて、男の子の行動を見てみると、とても単純でかわいらしいと感じるのではないでしょうか。

　教師や女の子から頼られると、いつも以上の力を発揮して、「まかせておけ！」と言わんばかりにはりきります。「男らしさ」「強さ」「正義」などの言葉に強く反応して、「弱い者を守ろう」「格好悪いところを見せないでおこう」と、ヒーロー

気取りで、がんばろうとします。このような、男の子特有の行動は、高学年になっても変わりません。

　この男の子の「かわいらしさ」を、よく理解して指導に生かしていきましょう。

やってはいけない叱り方

- いい加減にしなさい！
- あなたたちはいつもそうなんだから！
- 高学年の自覚をもちなさい
- さぼってるの、オレたちだけじゃないじゃん！

❗ ただ、ガミガミ叱るだけでは、子どもは反省せず、反発される恐れもある。

効果的な叱り方

- 女子が困っているよ
- 掃除をさぼったら、どうするんだった？
- 休み時間に、掃除をする……。だけどね
- あなたたちクラスのみんなで決めたんだよね

❗ 正当性を理由にして指導すれば、男の子は納得して行動を改める。

Ⅱ-2-学級活動場面……①

係活動や当番活動をさぼる子がいる

学校生活を楽しく円滑におくるために、係や当番活動は大切なものです。
子どもたちも、最初ははりきって活動に取り組みます。ところが、徐々に雑になり、ついには、係・当番活動をさぼって、他の子に迷惑をかける子が出てきます。

どうすればいいの？

集団の一員としての意識づけをする叱り方を！
高学年男子の自尊心をくすぐりながら指導。

> 君がやらなきゃ、みんな困るんだ。頼りにしているんだよ

> オレがやらなきゃな。さぼってちゃダメだよな

指導のポイント❶>>>>>本人に気付かせる

　子ども自らが当番忘れに気付くことができるような叱り方を工夫します。例えば、窓が開いていなければ、「あれ？　窓開け当番は欠席ですか」と。そして、掃除をさぼっている子を見かけたら「今は休憩時間だったんだね。てっきり、掃除の時間だと思っていた」などと、いやみに聞こえないよう、さわやかに言うように心がけて気付かせましょう。このように叱ることで、子どもは自分から不足に気付き、動き始めます。

指導のポイント❷>>>>>所属意識をくすぐる

　何度注意しても、仕事をさぼったり、ふざけたりする子には、少々厳しい指導をする必要があります。例えば、「無理してやらなくていいよ。みんなが仕事をしている時、君は遊んでいなさい。仕事をしてはいけないよ」というように、きまりを守れなければ、クラスの一員として認めないと、暗に伝える叱り方をします。

　子どもの集団への所属意識はとても強く、集団の外に出されることをもっとも恐れます。みんなと同じに真面目にやることの大切さを伝えましょう。

指導のポイント❸>>>>>自尊心をくすぐる

　男の子は、人に頼られると、いつも以上にはりきります。

　「この仕事をやれるのは、君だけだ。みんな頼りにしているよ」といった「頼りにしている」というメッセージを伝えましょう。「頼られている」と思うことで、特に高学年の男子は、「がんばろう」という気持ちをかき立てられ、はりきって行動するようになります。

+1 plus one point　子どもの責任感を育て、集団の一員としての意識を高め、存在感を感じさせるために、係・当番活動には、しっかり取り組ませなくてはなりません。

Ⅱ-2-学級活動場面……②

給食を粗末にしたり、好きな食べものを独占したりする子がいる

煎り豆を投げて口に入れる、パンをボールのように丸める、おかずをむやみに混ぜる……。食べ物を遊び道具のように粗末にする子が、高学年の男子には少なからずいます。
また、好きな食べ物ばかり大盛りにして独占しようとする子もいます。

どうすればいいの？
食べ物を粗末にしたら罰則！
不公平を感じさせない、システムをつくる。

後ろを見てごらん。みんなに行きわたるように、考えて盛るというルールを忘れた？

この子に、ものが言えない雰囲気が問題だね。何とかしなくては……

62

指導のポイント❶>>>>>「ならぬものは、ならぬ」と厳しく

　命を頂いて生きている以上、食べ物を粗末に扱うことは決して許されないことです。飽食の時代ですから、家庭でも食べ物を大切にすることを厳しく教えられていないのかもしれません。だからこそ、学校でしっかり命を頂くことの尊さを教えていかなくてはなりません。

　ここは、「ならぬものは、ならぬ」を貫いて指導する場面です。次の日の給食はおかわりを控えさせる、休憩時間に反省文を書かせるなど、少々厳しい罰則を決めておくようにします。

指導のポイント❷>>>>>公平なおかわりの仕組みづくりを

　放っておくと、立場の強い子が、好きなおかずを大盛りにして、他の子は黙って我慢をしたり、率先して譲ったりします。力関係で、給食の配分が決まるクラスにしないために、公平におかわりができる仕組みをつくらなくてはなりません。順番をジャンケンやローテーションで決めたり、教師が配分したりして、教師が率先して仕組みづくりを進めていくようにしましょう。

指導のポイント❸>>>>>自分で調節させる

　配膳されたおかずを、確実に食べられる量に調整させます。最初に、減量だけの調節をします。それが、本当の意味で「平等」な配分となります。好き嫌いの多い子にとっては、出されたものをすべて食べることができたという自信をもたせることができます。また、たくさん食べたい子にとっては、おかわりの量が増え、クラス全体としての食べ残しも少なくなります。

　こうした工夫を取り入れて、クラス全体を食べ物を大切にする雰囲気にしていきましょう。

+1 plus one point　いつも、おかわりをして残り物が出ないように協力してくれる男子が、クラスには必ずいるはずです。たまには教師のデザートをその子にあげて、感謝の意を表すようにします。

Ⅱ-2-学級活動場面……③

クラスで育てているものや飼っている生き物などを傷つける子がいる

金魚や亀などを飼っているクラスがあります。また、5年生では、理科学習の関係で、メダカを飼うクラスもありますが、むやみに魚を網ですくったり、亀などを床に歩かせたりして遊ぶ子がいます。高学年にもなれば、相手の痛みや、命の大切さを考えられないのは問題です。

どうすればいいの？
係活動で、飼育している生き物は「クラスのもの」という意識を高める。
機会をとらえて、命について考えさせる。

指導のポイント❶＞＞＞＞係活動を活発にする

　生き物の世話をする当番だけでなく、その生き物について調べたり、クラスで大切にする取り組みを行ったりする係活動を活発にします。単なる生き物の世話だけでなく、生態を調べてまとめたり、飼育方法を紹介して知らせたりして、教室の文化を活性化する係活動として定着させることが大切です。
　子どもたちに、生き物をクラスの一員として認識させ、子どもたちが自然に、クラスで飼育する生き物を大切にするようにしていくことが必要です。

指導のポイント❷＞＞＞＞死を感じ取る機会を生かす

　クラスで飼育している生き物や、学校で飼育している小動物が死んだ時、その様子を見せるようにします。死体に触れたくない、見たくないなど、死に対する恐れを感じ取るまたとない機会になります。特に、うさぎや小鳥などの身近な生き物の死からは、特別な感情を学ぶことができます。
　実際の死に触れさせる機会があれば、それをしっかりと生かし、死が身近に存在すること、死の恐ろしさや悲しみなどを感じ取らせることが、今の時代は特に必要ではないでしょうか。

指導のポイント❸＞＞＞＞担任の経験を話す

　命の大切さの指導では、頭だけではなく、感情にうったえることも大切です。例えば、教師自身の経験を子どもに話すことも効果的です。自分の飼っていたペットが死んだ話や家族との別れなど、教師の体験談を話して聞かせます。通り一遍の話ではなく、教師の体験から出る言葉は、子どもの心に強く響くものになります。

男子　学級活動場面

+1 plus one point　男の子は、虫や小さな生き物にいたずらをして遊ぶのが好きです。一見、命を粗末にする残酷な行為に思えますが、そういう遊びを通して、命について学んでいくことも多いのです。

Ⅱ-2-学級活動場面……④

遠足や修学旅行などで単独行動をしてしまう子がいる

日頃培ってきた集団行動や、友達と協力・協調する力が発揮される場が、遠足や修学旅行です。子どもたちは、大切な学習の場であると理解してはいるのですが、気持ちが高揚しすぎて、きまりを守らず単独行動をとって、みんなに迷惑をかけてしまう例が、特に男子に目立ちます。

どうすればいいの❓
場当たり的な指導では効果がない！
日頃の指導を点検し、「きまりを守るのが当たり前」という風潮をつくる。

指導のポイント❶＞＞＞＞日頃の指導を点検

　遠足や修学旅行で、気分が高揚するのは当然です。楽しいからこそ、思い出にも残り、日頃と異なる学習も可能になります。ですから、子どもが、遠足や修学旅行を十分に楽しむことができるよう、「きまりを守る力」を身に付けさせておくことが重要です。

　教科の班別学習で、意見交流を行ったり協力して作業を進めたりする。学級会活動で、クラスで何かに取り組みながら、結束を高めていく。機会をみて、人に迷惑をかけないことや、集団で協力することの大切さを考えさせる。そういった集団行動のきまりを、日頃から意識して指導していくことが重要です。

指導のポイント❷＞＞＞＞行事前の確認と指導

　班や学級活動で、友達と学習の目的に向かって協力して取り組む姿勢を身に付けさせるように指導していきます。行事前には、集団行動の大切さを確認し、学習の目的を達成するのと同じくらい、人に迷惑をかけないことの大切さを指導します。集団行動のきまりを守ることのできるクラスであれば、やんちゃな男の子も、集団をはみ出して迷惑をかけるような行動はしないものです。

指導のポイント❸＞＞＞＞繰り返す子には、教師が付き添う

　「目に余る行動をすれば、先生と一緒に見学だよ」と言っておけば、ほとんどの子は、集団行動のきまりを守ることができます。

　それでも、日頃から集団行動が身に付かず、行事で他の子に迷惑をかける行為を繰り返す心配のある子には、その子の班に教師が付き添って行動するしかありません。子どもの安全を第一に考えた時は、それが最良の選択です。

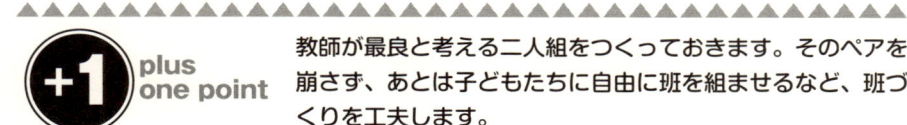

＋1 plus one point　教師が最良と考える二人組をつくっておきます。そのペアを崩さず、あとは子どもたちに自由に班を組ませるなど、班づくりを工夫します。

Ⅱ-2-学級活動場面……⑤

自分勝手にクラスのルールを変えてしまう子がいる

スポーツが得意だったり、遊びの中心になったりと、クラスで影響力のある男子の中には、自分の都合のいいようにルールを変えてしまう子がいます。友達との遊びで、こうしたわがままが出ることに加えて、クラスのルールまで勝手な解釈で変えようとする場合があります。

どうすればいいの？
教師が主導権をしっかり握る！
クラスのリーダーは教師であることを、クラスに行きわたらせる。

- 今週は、男子がはき掃除。女子は、ふき掃除にしよう
- それは、いつ決まったのかな？ クラス全員が知っているの？
- 先生は、聞いてないよね。会議を開きましょう

指導のポイント❶＞＞＞＞些細なことが、主導権を守る

　活発な男の子は、高学年になると、集団を自分の思い通りに動かしたいという欲求をもつようになります。友達に対しても教師に対しても、徐々に自分の要求を通しながら、上に立とうとします。ですから、些細と思われることであっても、きまりからはみ出す要求を、はねつけなくてはなりません。「お守りのキーホルダーだから……」「少しくらいまけてよ」などの要求をしてきたら、言い方を工夫して、やんわりと拒否することが、教師の主導権を守ることになるのです。

指導のポイント❷＞＞＞＞ルールの確認は全員で

　ルールを変えたいと思う子にとっては都合がよくても、他の子にとっては不都合な場合も多くあります。そこで、ルールを勝手に変えようとする子がいたら、必ず、クラスの議題として全員で話し合うことをあらかじめ決めておきます。教師が譲れないと思った場合でも、教師の独断ではなく、クラスの総意としてルールを守ることを確認すれば、言い出した子も、従わざるを得なくなります。

指導のポイント❸＞＞＞＞正当性を追及する

　「たとえ悪法でも法は法」ということもありますが、きまりは、クラスの子ども全員が、平等に楽しく学校生活を送るためにあります。
　きまりを変えたのは、どの手続きをとってのことか、クラス会議で承認されてのことか、担任に報告をしたか……など、勝手にルールを変えて行動する子には、徹底的にその行為が、正当性を欠くことであると教える必要があります。

+1 plus one point　自分勝手にルールを変えて、どんな困ったことが起こる危険性があるかを、子どもに考えさせます。友達に迷惑をかけたり、身の安全に支障をきたしたりと、不都合に気付かせます。

男子　学級活動場面

Ⅱ-2-学級活動場面……⑥

行事など自分の思い通りにならないと協力しない子がいる

いつもは、はりきって学級活動や係活動に参加しているのですが、自分の思い通りにならないと、急にやる気をなくしてしまう子がいます。やる気がなくなるだけならまだよい方で、ひどい時は、友達のじゃまをすることもあります。

どうすればいいの？

生き方について、話をする。
思い通りにならない時こそ、がんばることの格好よさを教える！

こんなもの、やってられるかよ。バカバカしい

君の今の姿は、みんなにどう映っていると思う？

強い姿なのかな？
格好いい姿なのかな？

指導のポイント❶＞＞＞＞生き方を考えさせる

　自分の思い通りにならないと、非協力的になったり、友達を妨害したりする子には、「思うようにならないのが人生。そのなかで、自分がどれだけ楽しめるか」といったことを、考えさせる話をしてあげます。

　高学年にもなれば、「生き方」に興味をもち始めます。特に、男の子には、歴史上の人物や偉人に興味をもつ子が多くいます。この時期の子どもには、名言や格言、そして偉人の生き方などを紹介しながら、折に触れて「生き方」を指導すると効果的です。

指導のポイント❷＞＞＞＞逆境の時に、本当の自分が出る

　授業中、答えを間違えたり、友達と意見がぶつかったりした時などがチャンスです。ショックを受けても、いつも通りの姿勢で学習に取り組むように励まし、指導しながら、その子を徐々に鍛えていくことが必要です。物事が順調に運んでいる時には、誰でも心に余裕ができ、模範的な行動をすることができます。思い通りにいかない時こそ、その人の地の姿が表れます。そのことを、日頃から伝えておくことも、特に高学年男子には効果的です。

指導のポイント❸＞＞＞＞「格好いい」姿をほめる

　クラスには、必ず打たれ強い子がいます。少々自分の思い通りにならなくても、おかれた状況で力を尽くしています。子どものそのような姿を見かけたら、必ず皆の前でほめるようにします。

　「思い通りにならなくても、自分のおかれた状況で全力を尽くす姿は素晴らしい」

などと、本当の強さや格好よさについて意識させましょう。

+1 plus one point　「みんな、どう思っているかな？」などと問いかけながら、すねたような態度が、周りから見てどれくらい格好悪いのかを、本人に感じさせるようにしましょう。

Ⅱ-2-学級活動場面……⑦

クラスの和を わざと 乱す子がいる

わざと笑いをとって友達を笑わせたり、おちゃらけて雰囲気を和らげたりする子がいます。男の子は、ユーモアたっぷりでサービス精神が旺盛なのです。しかし、行きすぎて、自分勝手な行動をしたり、結束を乱す言葉を言ったりして、クラスの和を乱してしまうことがあります。

どうすればいいの？ 基本は、クラスの中での存在感や有用感を保証する。ケースに応じて、叱り方や対応を変える。

明かりがともった 明かりがともった アフリカ象がとまった みんな、君と一緒に楽しみたいと思っているんだよ ちょっと、話を聞かせてね

指導のポイント❶＞＞＞＞サービス精神旺盛な子には……

　特に男の子には、クラスの中で目立ちたいと思う子が多くいます。それで、友達を笑わせたり、わざと友達と違うことをしたりします。時に、それがクラスの和を乱す場合があります。このような場合は、教師がやりすぎを軽くたしなめれば十分です。目で制止したり、「そこまで」とキッパリと言えば、子どもの行動はおさまるものです。このようなケースの子は、サービス精神からの行為ですから、あまりくどくどと注意するのは逆効果です。

指導のポイント❷＞＞＞＞冷めた目で見られる子には……

　いつも、友達と反対の意見を言ったり、じゃましたりする子がいます。このような子は、他の子から一歩離れて見られてしまいがちです。他の子が離れれば離れるほど、和を乱す行為がひどくなっていきます。このケースでは、その子の良さが出せる集団づくりをしていきます。授業でその子の活躍する場や、他の子と交流する機会を意図的につくり、その取り組みを継続しながら、和を乱す行為がある時に、「そんなことをしなくても、みんな認めているよ」と、安心させる言葉でたしなめるようにします。

指導のポイント❸＞＞＞＞存在感・有用感をもたせる

　クラスの和を乱す子は、クラスの中での自分の存在感に不安をもっている子です。係活動や当番活動、授業などで、その子が活躍することができ、クラスに必要とされていると感じることができる工夫をしなくてはなりません。存在感と有用感を感じることができれば、その子がクラスの和を乱す行動は、自然とおさまっていきます。

+1 plus one point　クラスでの存在感を欲している子がほとんどですから、「一緒にやらなくていい」「一人でやればいい」など、集団から排除するような叱り方はくれぐれも避けるべきです。

Chapter II-3 授業場面での困った高学年男子

> 崩れた姿勢で授業を受けたり、友達とおしゃべりをしたり、ぼーっとして授業に参加しなかったり……。授業中でも男子は、目につく困った行動をします。それらの行為は、周りの子の迷惑にもなります。

●行動的なのが男子

　男の子には、授業でも、臆することなく手を挙げたり、自分の意見を主張したりする子が多くいます。しかし、じっと座って作業をしたり、落ち着いて物事に取り組んだりすることが苦手な子も数多くいます。そして、このような子は、何度注意しても、なかなか身に付かず、同じことを繰り返すのが常だと考えておきましょう。

　特に活動的な高学年男子を、集中して学習に参加させるためには、子どもを引き込む授業となるよう工夫するのはもちろんですが、それに加えて、教師や友達の話を聞かざるを得ない状況をつくったり、サインを決めて、姿勢が崩れていると気付かせたりするなど、叱り方や指導法を工夫しながら繰り返し指導することが大切です。

●授業で主導権を守る

　注意されるのを承知で、おしゃべりをしたり、指示を聞かなかったりと、わざと悪い態度をとる男の子がいます。他の子の行動に便乗したり、教師の指導に対して揚げ足をとったりして、挑発を繰り返す子もいます。

　このように、高学年になると、男の子の中には、授業時間を自分の思うように過ごしたいと、教師に挑戦してくる子がいます。このような態度をとる子に対しては、「授業態度が悪い」「周りの迷惑になる」ということだけでなく、「クラスの主導権を教師がもつ」「教師がクラスを統率する」という観点から、指導を考えていく必要があります。

　授業時間に子どもを落ち着いて学習させることができるかどうかが、クラスの

主導権を教師が握っているか否かの基準になります。授業時間の困った男子の指導ができることが、クラスの主導権を守ることだと考えて、しっかり取り組む必要があります。

やってはいけない叱り方

> あ〜あ。かったるいな〜
> 誰だ！ふざけた態度をするな！
> ふざけてなんかいませんよ〜
> 何〜。ちょっと立てぃ！

❗ 感情的に叱ると、子どもと対等になり、主導権があやしくなることに。

効果的な叱り方

> あ〜あ。かったるいな〜
> ふざけてはいけません！
> ふざけてなんかいませんよ〜
> クラスのみんなは、どう思いますか？

❗ 冷静に、他の子を味方につける叱り方で、主導権を守ることに。

Ⅱ-3 授業場面での困った高学年男子

Ⅱ-3-授業場面……①

姿勢が悪く、落ち着いて座れない子がいる

まっすぐ前を向いて座ることができない。バランスをとりながら座る。机に肘をついたり、ほおづえをついて話を聞いたりする……。姿勢が悪く、落ち着いて座ることのできない子がいます。姿勢が悪いと、見栄えが悪いだけではなく、授業に集中して参加することができません。

どうすればいいの？

「姿勢チェック」の時間をつくる。
「勝ちの姿勢」を教え、自ら姿勢を正すように意識させる。

> 姿勢が悪くなってるってことだな。気を付けなくちゃ

> 誰も、気付いていないよね。いつも注意されるのを見られたら格好悪いからね

指導のポイント❶＞＞＞＞必ず姿勢をチェック

　今の子どもは、低学年の頃から姿勢の訓練をされていません。背筋を伸ばしたままの姿勢を45分間維持させることは、ほぼ不可能です。どんなに気を付けていても、学習を続けるうちに自然に崩れてきます。そこで、1時間の授業中に、必ず姿勢を正させる場面をつくるようにします。「本を読む時」「人の話を聞く時」などは、姿勢を正すようにひと言入れます。姿勢を正す場面をつくることで、子どもが正しい姿勢を意識するようになり、授業にメリハリも生まれます。

指導のポイント❷＞＞＞＞サインを決めて意識させる

　椅子でバランス遊びをしたり、横を向いて座ったりと、学習する者の態度として、到底許されない姿勢をとる子がいます。そのような子は、崩れた姿勢が習慣になっています。悪い習慣を断ち切るために、頭ではなく身体で覚えさせることが大切です。常にその子の姿勢に気を配り、崩れたらすぐに姿勢を正すように指導を繰り返します。例えば、「肩を叩いたら姿勢を正す」などのサインを決めておきます。口で言われるより意識するようになり、プライドも傷つかずにすみます。

指導のポイント❸＞＞＞＞「勝ちの姿勢」で鍛える

　正しい姿勢に慣れていないと、上半身の筋肉が疲労して、苦痛を感じます。姿勢を保つには、精神的・肉体的に強さが必要になります。
　そこで、正しい姿勢が「勝ちの姿勢」であると伝えて指導します。良い姿勢をしている子には、「勝ちの姿勢」とほめるようにしましょう。特に男子は、「勝ち負け」に敏感に反応するので、とても効果的です。

+1 plus one point　背筋を伸ばした正しい姿勢をとることで、気持ちが引き締まり、集中力もアップします。学力を伸ばすためにも、姿勢が大切であることを、子どもに伝えながら指導しましょう。

Ⅱ-3-授業場面……②

授業を抜け出して遊んでいる子がいる

授業開始時刻に間に合わないだけでなく、いつまでたっても教室に帰らずに遊んでいたり、授業中、教師に注意されて教室を飛び出したりする子が、たまにいます。このような子には、教師に反抗的な子が多く、いくら厳しく叱っても効果がない場合が多く、頭を抱えてしまいます。

どうすればいいの？
担任の指導が効かないレベル！
学年や学校で対策を考えて指導する。

注意しても、反発されるだけだし……叱るの嫌だな〜

でも、あきらめたらダメだ！

今、何をする時間か、分かっているよね！

指導のポイント❶＞＞＞＞協力体制を組み、早急に対応

　授業を抜け出して遊ぶ子がいるというのは、ただならぬ事態と言わざるを得ません。悪いと分かっていて、しかも堂々と間違った行いをしているのです。原因はさまざまでしょうが、担任が指導するだけでは効果がないことが明らかです。すぐに、学年主任や生徒指導主任に報告して、対応を検討しなくてはなりません。まずは、できる限り多くの教師が指導に関わって、正常に教室に入ることができるようにすることが、早急に必要な対応です。

指導のポイント❷＞＞＞＞とことん関わり続ける

　担任の指導を聞き入れず、叱っても効果がないからといって、叱るのを止めてはいけません。子どもの態度にプライドを傷つけられても、子どもを正常な方向に導くことをあきらめないのが教師です。担任が見放したら、子どもの心はどれほど傷つくでしょう。

　他の教師の協力を得なくてはなりませんが、あくまでも主として子どもを指導するのは担任だということを心しておきましょう。

指導のポイント❸＞＞＞＞予防第一！　予兆をとらえる

　このような事態になる前に、おそらく、「予兆」があったはずです。担任に注意されても、そっぽを向いたり、素直に指導を受け入れなかったり……。ほんの些細なことから始まって、授業を抜け出して遊ぶような大胆な行動をするようになります。

　このような状況になるのを防ぐためには、些細と思われることをしっかりと指導しながら、教師の指導を受け入れる関係を築くことに力をそそぐようにします。

+1 plus one point　協力を得るためにも、実態を保護者に報告する必要があります。保護者との話し合いには、必ず学年主任や生徒指導主任を交えて行いましょう。

Ⅱ-3-授業場面……③

教師の指示を聞こうとしない子がいる

「反抗」とまではいきませんが、教師の指示を聞こうとしない子がいます。指導しても、気になる行動が止まりません。そのままにしておけば、その子の学力を保証するのが難しく、クラスで規律ある授業を進めることもできなくなります。

どうすればいいの？ 話に集中できる環境づくりを工夫し、自ら反省することのできる言葉がけを！

今、先生が何を言ったのか、繰り返してごらん

聞いていたんでしょ。言ってごらん！

聞いていませんでした〜

指導のポイント❶＞＞＞＞集中して聞く環境づくりを

　高学年とはいえ、特に男の子は、すぐに意識が他に飛んでしまいがちです。鉛筆やハサミなど何かを手に持っている場合は、必ず手を置くように指示することが大切です。また、ノートを書く、教科書を読むなどの作業をいったん中止させなくてはなりません。

　特に男の子は、話を聞くことに集中できる指示や言葉がけをこまめにしてあげることが必要です。

指導のポイント❷＞＞＞＞聞かざるを得ない指導を

　一応は話を聞いているように見えても、上の空で話を聞いていない子がいます。話しながら子どもを観察すれば、上の空で聞いていない子はすぐに分かります。

　このような場合は、その子に教師の言動を尋ねるようにします。

　「先生が今話したことを繰り返せ」「先生の仕草を真似てみよ」といった具合です。子どもは話を聞いていないので、答えられません。すると、話を聞いていなかったことを自分から白状します。そして、話を聞かなくては自分が困ることが分かります。厳しい言葉で叱るよりも、反省を促すことができます。

指導のポイント❸＞＞＞＞姿勢・返事・起立

　誰かの話を聞く場面では、必ず姿勢を正すようにします。話し手になる場合も、指名されたら返事をして起立させます。話したり聞いたりする時に、「姿勢・返事・起立」などでメリハリをつけることが、意識を集中させることにつながります。

> **+1 plus one point**　近年、授業の始まりや終わりのあいさつや、指名後の返事と起立を省略した授業を目にしますが、こうしたことこそ、子どもの気持ちを切り替えて学習を行う、必要な「儀式」です。

Ⅱ-3-授業場面……④

わざとふざけたことを言って、授業の妨害になる子がいる

男の子の中には、教師の問いかけや友達との意見交流で、わざとふざけたことを言って、授業を台無しにする子がいます。教師の発言の揚げ足をとって、授業を妨害する子も中にはいます。このような言動は、授業の雰囲気を壊してしまい、他の子の迷惑になります。

どうすればいいの？
真剣に相手をせず、軽く受け流して、授業の雰囲気を守ることに専念する！

指導のポイント❶ ＞＞＞＞ペースを乱さない

　子どもが授業の流れを壊す発言をした場合、大切なのは、「授業のペースを乱さない」ことです。そのためにも、子どものふざけた言葉に真剣に取り合わないことです。幼い子を母親がなだめるように、軽くたしなめて受け流すくらいの余裕で応じましょう。

指導のポイント❷ ＞＞＞＞バカにする言葉には厳しく

　軽く受け流すのが、ふざけたことを言う子への対応の基本です。しかし、他の子をバカにしたり、周りに迷惑になるような態度をとったりする場合は別です。軽く受け流して終わってはいけません。
　「今の言葉をもう一度言ってみよ」と、毅然とした態度で叱りましょう。教師の毅然とした態度ほど、子どもに応えるものはありません。ほとんどの場合、これだけで OK です。反省の様子が見られたら、あとは何事もなかったかのように授業を続けましょう。

指導のポイント❸ ＞＞＞＞「無視」と受け取られないように

　不思議なもので、相手にされないと分かれば、子どもはふざけた言葉を言わなくなります。ふざけたことを言うのは、教師や友達に相手をしてほしいからです。
　軽く受け流す対応の仕方は、やり方によっては、冷たくあしらわれ、無視されたと子どもに受け取られないとも限りません。そうはならないように、「また遊んであげるから」「耳が日曜」など、たまには、ユーモアで返す余裕も見せなくてはなりません。特に高学年男子は、四角四面な叱り方をするだけでは、到底聞き入れてはくれないものです。

+1 plus one point
「今の行動が、立派だと思う人？」と、他の子に問うようにします。当人の言動が、周りの子にとっては、迷惑になると知れば、授業をかき回す発言をしなくなるものです。

Ⅱ-3-授業場面……⑤

こっそりゲームをしたり、マンガを読んだりする子がいる

授業中、教師の目を盗んで遊ぶ子がいます。机の下で携帯電話をいじったり、ゲームをしたり、マンガを読んだりする子です。最初は、目立った子がやっているくらいですが、気が付くと、その子と仲のよい子を中心に、困った行為がどんどん広がっていく危険性があります。

どうすればいいの？ 一人で抱え込まず、学年や学校、保護者の協力を得ながらルールを守るクラスに立て直す。

指導のポイント❶＞＞＞＞全員で守る意識に変える

　おそらく、近くの席の子は、ゲームやマンガに気付いているはずです。このような子がいるクラスでは、「教師にバレなければいい」という雰囲気ができています。本来は、クラス全員できまりを守るのが普通です。当の本人だけでなく、誤った行いを許しているクラスの子全員に問題があると考えるべきです。

　誤った行いを許さず、きまりを守ることの大切さを、そのつどクラスで確認する指導を地道に続けましょう。きまりは、教師と子どもとの契約ではなく、クラス全員で守るものという意識をつくっていくことが重要です。

指導のポイント❷＞＞＞＞迷わず協力を得る

　携帯電話やゲーム、マンガを持ち込み、しかも授業中に遊ぶという事態は、もはや担任一人では対応できない段階にあると判断しましょう。保護者の協力も必要になりますから、見つけたら、迷わず学年主任や生徒指導部に相談して、対応を考えるのがベストです。そして、子どもがそこまでやるに至った理由を自分なりに考え、きまりを守るクラスに立て直すことが喫緊の課題であると考えましょう。

指導のポイント❸＞＞＞＞些細な持ち物のチェックを大切に

　持ち物のきまりを破るのは、最初は色ペンやキーホルダーといった「グレーゾーン」にある物を持ってくることから始まります。この初期段階で、必ずクラス全員に確認をしておくことが重要です。最初の段階であやふやな指導をすると、ゲームや携帯電話、マンガなどを持ち込んで、好き勝手な行いをするようになります。

+1 plus one point　携帯電話やゲーム、マンガを学校に持ち込む段階で、きまりを守る意識が皆無です。授業中にやっているとなれば、立て直しは、担任一人でではなく協力を得て行いましょう。

Ⅱ-3-授業場面……⑥

授業に関係のない おしゃべりをする 子がいる

話し合い活動の時、授業と関係のない話題で盛り上がる子、ノートや調べ学習などの時に無駄話をする子、教師が話をしている時に勝手にしゃべる子などがいます。周りの子も、特に注意するふうでなく、教師が厳しく叱るまで、お構いなしにおしゃべりを続ける子もいます。

どうすればいいの？ 自ら反省させながら、注意し合える集団に育てる！

「うるさいと感じている人は、いない？」

「周りが注意しないとね。お互い、注意し合うのが大切だよ」

指導のポイント❶＞＞＞＞話の内容を発表させる

　授業とは関係のない話をしている子を見つけたら、「楽しそうだね。みんなに教えてよ」などと、話の内容を発表させるように指示します。子どもは、叱られていることが分かっていますから、黙ってしまいます。

　困った顔をして反省の色が見えるようなら、それで十分です。ひと言注意して終わります。しかし、それでもふざけて反省の色がない場合は、クラスの子全員に行為の善し悪しを判定させたり、「他の先生やおうちの人にも必ず報告せよ」と言ったりして、改めさせるようにします。

指導のポイント❷＞＞＞＞注意し合う必要性を教える

　もちろんおしゃべりをする子が悪いのですが、それをそのままにしておく周りの子にも問題があります。

　「悪いと知って、注意しないのは、悪いことをしているのと同じ」と厳しく教え、注意し合えるクラスにしていかなくてはなりません。

　知っているにもかかわらず注意しない子を指導し、迷惑と思えば相手に自分の気持ちを伝える必要性を教えなくてはなりません。

　おしゃべりをする子がいたら、当人だけでなく、周りの子も指導するチャンスと考えて取り組みましょう。

指導のポイント❸＞＞＞＞見逃さずに指導する

　授業と関係のないおしゃべりは、どんなに些細と思っても、必ず見逃さずに指導しましょう。おしゃべりは伝染・拡大します。おしゃべりが飛び交う教室にならないように、早いうちに対処して、無駄なおしゃべりを許さないクラスの雰囲気をつくっていくことが大切です。

+1 plus one point　「うるさい」とサインを送ったり、「やめなさい」と注意したりする子は、大げさにほめて、クラスみんなが進んで注意しやすい雰囲気をつくりましょう。

Ⅱ-3-授業場面……⑦

「塾でやった！」などと授業内容を軽くみる子がいる

学力が高い子の中には、学校の授業を軽くみて、まじめに参加しようとしない子がいます。「塾で勉強したから分かっている」「学校の勉強は簡単すぎる」という態度がありありです。その状態が続くと、授業に真剣に取り組むクラスの雰囲気が壊れてしまう恐れがあります。

どうすればいいの？

多様な意見を交流する楽しさを味わう授業を目指す！
空白の時間をなくして、全員参加の授業を工夫する。

（上底＋下底）×高さ÷2 です

どうして、その式で台形面積が求められるのか、説明できる？

何でって、理由はよく分からないよ

じゃあ、みんなで考えてみよう！

指導のポイント❶ >>>>>「考える楽しさ」がある授業を

　学校の授業が、知識と技能の習得に関して、塾に勝てるはずがありません。そして、学校の勉強を軽くみる子の多くは、知識や技能がもっとも価値があると考えています。学校の授業は、子どもが「なぜ？」と興味をもつように、学習を組み立てなくてはなりません。また、友達と意見を交流しながら考え、学ぶ過程で、学ぶことの楽しさが感じられるように工夫しなくてはなりません。「学校の授業は楽しい」と子どもが実感できる授業となるよう、教師は日々研鑽しなくてはならないのです。

指導のポイント❷ >>>>>全員参加の授業を目指す

　公立学校の教師は、とかく低学力の子に目が向きがちです。それはすばらしいことなのですが、気を付けないと、学力の高い子を無視する授業になってしまいます。「早くできた子は、読書をしておけ」「静かに待っていろ」など、毎時間そのような授業が続けば、当然、学力の高い子は、学校の授業に興味を失ってしまいます。

　少ない問題数で時間差をなくしたり、できた子にやり方の説明を考えさせたりと、すべての子が学習時間に何かを学ぶことができる工夫を考えて授業に臨むように心がけましょう。

指導のポイント❸ >>>>>塾の成果を活用する

　塾で学んだことを、授業で披露させます。例えば、最小公倍数の求め方を発表させます。次に、「なぜ、そのやり方で解が出るのか」を皆で考えさせます。塾で学んだ子ほど、「理由」や「意味」が分からないことが多いものです。ここで、学校の授業の楽しさを感じさせることができます。

+1 plus one point　塾で学んだことを認めてあげることが重要です。自分を認めてくれる人を子どもは信頼します。授業が多少つまらなくても、教師の期待に応えようと一生懸命授業に参加します。

Chapter II-4 友達関係場面での困った高学年男子

> 男の子の交友関係には、「力関係」がかなり影響します。体格のよい子やスポーツが得意な子が、発言力をもちます。特に高学年男子の友達関係でのトラブルには、力関係が大きく影響しています。

●男子は力関係を意識する

男の子は、競争心が強く、できる限り集団での自分の位置を上位に確保したいという性質があります。これは、サルやライオンなど他の動物と共通するところが大です。遊びや勉強で、常に友達と自分との「力」を意識し、自分がクラスでどの位置にあるかを、子どもなりに確認しています。男の子の友達関係が、あっさりした傾向にあるのは、勝負して自分と相手の力を比べれば、気持ちが納得するからなのかもしれません。

このように、男の子は、力関係・序列を意識するので、指導には、「本当に強い人は」「力のある人は」ということを伝えるような工夫をすれば、かなりの効果が期待できます。何よりも、教師が統率力を高め、子どもたちに「ボス」として認めさせることが大切です。

●統率力を発揮し、問題を早期解決

教師の指導が効かないクラスでは、強い子が弱い子を力で従える、「弱肉強食」の集団になってしまいます。極端な例では、給食の量やおかわりの仕方が、発言力のある男子の思い通りに行われていきます。強い子が、気分次第で弱い子に暴力をふるったり、暴言を吐いたりして、思うように従わせる、といったことが日常的に繰り返されます。

このような集団で生活していれば、子どもたちは、常に友達関係でストレスを感じ、そのストレスを、クラスで自分より立場の弱い子に発散してしまいます。それが、一対一ならばまだよいのですが、複数人対一人の「いじめ」に発展する危険性があるので要注意です。

男の子、特に高学年男子でいじめが起きると、肉体的にも精神的にも苦痛の大きい、激しい「いじめ」になる危険性が大です。友達関係に関しては、「あやしい」と感じたらすぐに対応し、問題を早期に解決しなくてはなりません。

やってはいけない叱り方

「暴力をふるうのは絶対いけない！」

「あいつ、弱いくせに……。腹立つんだよ！」

「暴力をふるった方が負けなんだよ！」

❗ 一般的で形式的な叱り方では、反発されるだけで、子どもは反省しない。

効果的な叱り方

「どうして、暴力をふるったの？」

「あいつ、弱いくせに……。腹立つんだよ！」

「本当に強い人は、暴力をふるうでしょうか」

❗ 「強さ」「リーダー」「力」など、男の子が意識することを考えさせながら指導すると、子どもはじっくり考え始める。

Ⅱ-4-友達関係場面……①

友達に激しく暴力をふるう子がいる

いつもは、友達と楽しく接しているのに、トラブルがあると、突然キレて暴力をふるう子がいます。このような子は、キレると周りの状況が分からなくなり、止めに入った子にまで、手が出てしまいます。教師さえ目に入らなくなり、気持ちが収まるまで周囲はたいへんな苦労をします。

どうすればいいの❓
すぐに隔離して、安全を確保する！
日頃から、対処法を考えさせ、キレさせない。

> 分かった。分かった。落ち着け。とにかく、あっちに行くぞ！

> みんな、向こうに行っていなさい

指導のポイント❶＞＞＞＞隔離して気持ちを静めさせる

　キレて暴力をふるう子を諭すことは不可能です。いくら教師が説得しても、相手に向かっていくだけで、聞く耳をもちません。当人や周囲の子の安全確保を第一に考えて、その子をその場から遠のかせるようにします。一人で不可能なら、数人でその子を確保し、他の子と隔離します。静かな場所で気持ちを落ち着かせることに専念しましょう。

指導のポイント❷＞＞＞＞行いを客観的に振り返らせる

　子どもが落ち着いたら、自分の行いを振り返らせるようにします。
　「何をしていたか」「なぜ、腹を立てたか」「自分の行為を覚えているか」など、できる限り具体的に振り返らせるようにします。すると、カッとなって分からなくなっていた時の自分の行いが見えてきます。
　次に、キレて暴力をふるう姿を周りの友達が見て、どんなふうに感じるかを考えさせます。冷静になれば、キレて暴力をふるうことで、周囲の友達が離れていくことが分かるはずです。
　このように、客観的に自分の行いを振り返らせることで、自分の行為を気にかけるようにさせることが大切です。

指導のポイント❸＞＞＞＞キレない対処法を考えさせる

　このような子は、キレさせないことがもっとも重要です。そのために、腹が立ったら、すぐにその場を離れるとか、深呼吸を５回するなど、気持ちをコントロールして暴力を防ぐ対処法を一緒に考えます。時折、場面を設定して、教師と一緒に練習するようにします。同時に、もしも暴力をふるって相手にケガをさせたら、どのようなことが起きるのか、想像させるようにもします。

+1 plus one point　暴力をふるう子は、「言葉で表現できない」から手が出てしまいます。訓練のためにも、本人からじっくり話を聞きましょう。言葉で伝えられれば、暴力に訴える必要はありません。

Ⅱ-4-友達関係場面……②

威圧的に自分の要求をのませようとする子がいる

何をして遊ぶか、後片付けはどうするか、役割分担をどうするか……など、友達に対して、自分の要求を無理に押しつける子がいます。明らかに優位な立場にある子が、弱い立場の子に対して要求をのませようとする姿は、とても威圧的で、「いじめ」の危険すら感じられます。

どうすればいいの？ 弱い立場の者に強く出る行為の卑劣さを考えさせる。力に頼る者は軽蔑されることに気付かせる。

> 俺がほうきやるから、お前は雑巾ね

> えっ。昨日もぼくが雑巾やったよね……

> 何か、文句あるのか？あるなら言えよ

> 同じことを、A君にも言えるのかな？

指導のポイント❶＞＞＞＞同じことを、強い子にもできる？

　友達に威圧的な態度で迫る子には、必ず、
　「同じことを、自分よりも強い人に言えるのか？」
と問いかけます。ほとんどの子は、黙ってうつむくか、首を横にふって反省の色を浮かべます。
　「強い人には頭を下げて、弱い者にはいばり散らす。卑怯だよね？」
　特に男子は、卑怯と思われることを嫌がります。場合によっては、他の子が見ている前で叱って反省させ、態度を改めさせることも必要です。

指導のポイント❷＞＞＞＞嫌われる人になっていない？

　威圧的に要求をのませようとすると、相手だけでなく、周りで見ている友達も、いい気はしません。力によって自分の思い通りにしようとする者を、本当に好きになり、信頼する人などいません。
　「嫌われ者になっていないか？」
と問いかけて、自らを振り返らせるようにしましょう。

指導のポイント❸＞＞＞＞大きな力は何のためにある？

　威圧的な子のもっている腕力や影響力、行動力は、認めるに値するものです。このような子は、自分のもつ力の使い方を知らず、間違った使い方をしているのです。
　「君の力は、友達を助けるためにある」
　「力のある人は、力の使い方に責任をもたなければならない」
など、高学年にもなれば、自分のもっている力の使い方を考えさせ、正しい方向に力を発揮できるように導かなくてはなりません。

+1 plus one point　男の子は、「弱者を守る」「正々堂々闘う」といった正義感に憧れ、卑怯者や弱虫と見られることを恥じます。この男子特有の正義感をくすぐりながらの指導は、とても効果的です。

Ⅱ-4-友達関係場面……③

友達の持ち物を取り上げたり、いたずらしたりする子がいる

お調子者で、何かに夢中になっている友達をからかったり、友達の持ち物を取り上げたりして楽しむ男の子がいます。本人は、ご愛嬌なのかもしれませんが、やられる方はたまりません。むっとして無視したり、たしなめたり……。それでも、さらにいたずらをして、本気で怒らせてしまいます。

どうすればいいの？ 周りの子に、対応の仕方を伝授して、本人に接し方を考えさせる！

やーい！この筆箱、ダッセーの

授業が始まるまでに、机の上に置いといてね

え

指導のポイント❶＞＞＞＞正しい関わり方を身に付けさせる

　友達と関わりをもちたいけれど、どのように関わればよいか分からない、うまく関わることができない。それで、このような行為で関わりをもとうとしています。

　「笑って話を聞く」「持ち物を話題にする」「気になれば話しかける」など、簡単な関わり方を教えたり、友達と上手に関わっている子を観察し、研究することを勧めたりして、その子が上手に友達と関わることができるようにしてあげましょう。

指導のポイント❷＞＞＞＞周りの子への対応が重要

　周りの子に、対応の仕方を身に付けさせることが重要です。持ち物を取り上げられたり、一生懸命になっているのをじゃまされたりした時は、大騒ぎをしてはいけないと教えます。

　いたずらをする子は、相手をしてほしいのです。大騒ぎをすれば、その子の思うつぼです。例えば、「机の上に返しておいてね」「気が散ったから、別のことするね」と、まったく気にしていない風を装って、その場を離れるといった対応を教えるのです。あまりにしつこい場合は、そのまま教師に報告をしにくるように伝えます。

指導のポイント❸＞＞＞＞自信をもたせる

　自分に自信をもてないがゆえに、このような行動で自分の存在感を確かめる傾向があります。ユーモアのあるところや元気なところなど、その子の良いところを見つけ、認めるように心がけます。クラスの中で認められていると分かれば、ひどいいたずらは自然に影を潜めるものです。

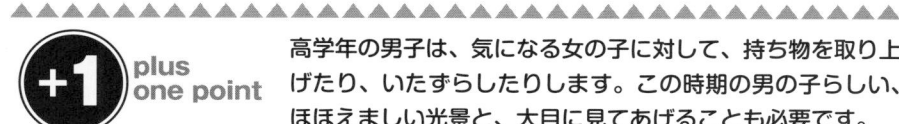

+1 plus one point　高学年の男子は、気になる女の子に対して、持ち物を取り上げたり、いたずらしたりします。この時期の男の子らしい、ほほえましい光景と、大目に見てあげることも必要です。

Ⅱ-4-友達関係場面……④

運動や勉強ができない子を激しくののしる子がいる

リレーやゲームなどをする時、同じチームの運動のできない子に対して、傷つく言葉で責める子がいます。また、授業中に、勉強が苦手な子に対して、人格を否定するような言葉でののしる子がいます。様子を見ていて、とても気分が悪くなり、人として許せない気持ちになります。

どうすればいいの？
授業をいったん中止して、その場で即指導する。
思いやりの心を育てる機会ととらえ、指導に力を入れる。

指導のポイント❶ >>>>> すぐにその場で指導

　このような態度や言葉を目にしたら、授業を中止して、即指導です。子どもが、思わず本音でつぶやいたひと言です。あとになって指導しようとしても、「言っていない」と、しらを切ったり、本当に忘れてしまう場合もあります。すぐにその場で、「今言ったことをもう一度繰り返してごらん」と、厳しいひと言で戒めます。

　人をバカにしたり、失敗を笑ったりすることは、絶対に許さないという担任の意志を、はっきりと子どもたちに伝えることが大切です。

指導のポイント❷ >>>>> 醜い心を叱る

　人の不得手なことをバカにしたり、自分より能力が劣っているからと笑ったりするのは、人間として醜いことです。友達をバカにするような態度を見かけたら、別室で、とことん話をするなどして、厳しく指導しなくてはなりません。人をバカにすることは醜いことだと、反省を促すように叱ります。この場合の指導では、その子が優しく思いやりのある人に成長してほしいという願いを、必ず伝えることが大切です。

指導のポイント❸ >>>>> 本音を取り上げ、心を鍛える機会に

　競い合っていると、勝つことに必死になり、子どもの本音が出てきます。「勝ちたい。何をトロトロやっているんだ」という思いが、目に見えるかたちで表れるのです。このような場面は、子どもと集団としてのあり方を鍛える絶好のチャンスです。「罪を憎んで人を憎まず」の精神で、人間の自分勝手な醜い心に勝つために何ができるのかを、クラス全員で考えさせる機会にしましょう。

男子　友達関係場面

+1 plus one point　「あなたは、何でも完璧にできるのですね」と、ひと言浴びせます。子どもは、すぐに自分の言動が間違っていると気付き、反省するはずです。一喝して、じっくり考えさせます。

Ⅱ-4-友達関係場面……⑤

「遊び」と言って、集団で友達の嫌がることをする子がいる

複数の子が、一人の子を戦いごっこの標的にしたり、その子の持ち物をボール代わりにして、取り返されないようにパス回しをしたりするのを見かけることがあります。
本人が明らかに嫌がっているのに、おもしろがって笑いながら遊んでいます。その雰囲気には、嫌なものを感じます。

どうすればいいの？
「いじめ」の兆候があると考え、厳しく対応！
継続して慎重に観察し、見守る。

- 返せよ〜
- 何しているんだ？やめなさい
- ただの遊びで〜す
- 先生には遊びに思えない。職員室で話を聞こう

指導のポイント❶＞＞＞＞いじめに敏感になる

　本人が嫌がっているのに、からかって遊んでいるのを見かけた場合、必ず声をかけるようにします。すると、ほとんどの場合、子どもたちは、「遊びです」と、答えます。しかし、それを信じて指導を止めてはいけません。一人の子を標的にして、からかっている姿に、教師として何か良からぬものを感じるはずです。大切なのは、子どもの感覚ではなく、教師の感覚です。いじめには敏感すぎるくらい注意を払うようにしましょう。

指導のポイント❷＞＞＞＞教師の決意を見せる

　このような事例は、将来大きないじめに発展する危険性が大です。遊びのつもりでも、一人の子が嫌がっているのです。たとえ、周りの子が「遊び」と言い張ったとしても、反発しても、ここで教師はひるんではいけません。「いじめになる危険性があるから、他の先生の意見も聞いてみよう」「それが、楽しい遊びなのか、クラスで考えてみよう」などと言って、いじめにつながる行いは、決して許さないという姿勢を見せなくてはなりません。教師の気迫に、その子たちも、自らの行いを反省するはずです。

指導のポイント❸＞＞＞＞大勢の目で見守る

　このような事象の多くは、教師の目が行き届かないところで起きています。日頃から、授業や学級会でいじめについて考えさせ、子どもたちの意識を高めることが必要です。すると、子どもたちからの情報が入るようになります。加えて、教師間でも、子どもの情報交換を密に行い、大勢の目で子どもを見守る体制をつくることが必要です。

男子　友達関係場面

+1 plus one point　日頃からからかわれやすい子や、授業でグループをつくると相手が見つからない子などは、注意して観察しましょう。「あやしい」と感じたら、些細なことでも即指導です。

Ⅱ-4　友達関係場面での困った高学年男子

Ⅱ-4-友達関係場面……⑥

女子にやさしい友達をからかう子がいる

多くの子は、同性との遊びや会話を楽しみます。しかし、なかには、男の子同士で身体を動かして遊ぶことよりも、女の子と会話を楽しむのが好きな男子もいます。
ところが、女の子と一緒にいたり、女の子に優しくしたりする友達を、からかう男子も少なからずいます。

どうすればいいの？ 本心を突いて、黙らせる！
男女が自然に交流できる学級づくりをする。

> ひゅーひゅー。熱いぜ、熱いぜ〜

> きっと、すごく、うらやましいんだね〜

102

指導のポイント❶＞＞＞＞「うらやましいんだね」とひと言

　高学年になれば、男の子が女の子を意識しないはずがありません。女の子と会話をしたり、優しく接したりしている友達のことを、心の底では「うらやましい」と思っています。自分もそうしたいけれど、恥ずかしくてできないのです。だから、女の子といる友達をからかうという行為に出てしまいます。

　このような子に対しては、「うらやましいんだね」と笑顔でひと言です。そんなことないという仕草で否定しますが、本心をズバリと突かれた子は、このような行為を止めざるを得なくなるものです。

指導のポイント❷＞＞＞＞学級づくりを見直す機会に

　男女の交流がほとんどないクラスであれば、学級経営を見直す必要があります。縛られることなく誰とでも自由に交流することができるのが、「楽しいクラス」というものです。そういうクラスでは、違和感なく自然に、異性と会話したり行動したりすることができます。からかったり陰口を言ったりする子はいません。

　男子も女子も関係なく、誰とでも活動することのできるクラスになるよう、学級経営を工夫しましょう。

指導のポイント❸＞＞＞＞男女が交流する機会をつくる

　行事などで、男女混合のグループをつくるだけでは、不十分です。日頃の授業で、男女で話し合う、調べる、つくる、競うなど、男女が共に学習できる場を意図的につくり、継続して取り組む必要があります。いつも男女が共に学習することで、クラスを、男女関係なく活動するのが当たり前という雰囲気にすることが大切です。

+1 plus one point　思春期は、異性への関心が高くなります。そこで、「憧れる（好きな）異性像」をアンケートなどで紹介し合うと、特に男子は、意識して、行動に気を付けるようになります。

男子　友達関係場面

Ⅱ - 4 - 友達関係場面……⑦

自分が中心にならないと気がすまない子がいる

話し合いや遊びで、自分が中心にならないと気のすまない子がいます。友達が楽しそうにしていても、自分がその中心にならないと、他の話題で気を引こうとしたり、「つまらない」とすねて、雰囲気を悪くしたりして、他の子から冷たくあしらわれてしまいます。

どうすればいいの？
自己中心は、人を嫌な気にさせることを教える。
相手の話を聞くことが、自分も楽しむことになると理解させる。

> 何で、いつもオレの言うことを拒否するんだよ！

> みんなの考えをじっくり聞いてみたのですか？

> 君が満足だからみんなも満足、とは限らないよ

指導のポイント❶＞＞＞＞自分の言動を客観的に振り返らせる

　高学年にもなれば、他の子の気持ちが理解できなくてはいけません。でしゃばりすぎると、友達が離れていくことも分からなくてはなりません。このような子は、周りの空気を読む力が弱く、自己中心的な、精神的に幼い子です。
　「あなたの行動は、他の子を楽しませた？」と、客観的に自分を見る力を育てる必要があります。その子が、自らの行いが自分勝手だったと気付くように、「何がいけなかった？」と問いかけながら指導することが大切です。

指導のポイント❷＞＞＞＞じっくり話を聞いてあげる

　このような子は、自分があまり友達の中心になることができないと感じています。だから、無理にでも中心になりたいと強く欲して、このような行動に出るのです。自分を分かってほしいと思っています。
　そこで、意図的にその子と会話する機会を増やし、話を聞くようにしましょう。満足感を味わわせるとともに、相手の話を聞く大切さを、感じ取らせることもできます。

指導のポイント❸＞＞＞＞存在感をあたえる

　クラスでの存在感や有用感を感じていれば、「われが、われが」という行動はなくなります。「わざわざ出しゃばらなくても大丈夫」と考えるように変えていきましょう。
　そのためには、係活動や当番活動、授業や学級活動で活躍できるような取り組みを行い、その子が、「クラスで役に立っている」と、実感できるようにしなくてはなりません。

+1 plus one point　「わがまま」「迷惑」などの言葉で叱ると、自信を失い、自分から友達の輪を外れて孤立する危険性があります。必ず子どもが自らの言動を振り返ることができる指導が大切です。

Column 2

「叱りの心」を教えてくれた
学校一のワル

　教師を拒絶し、反抗的な態度をとる男の子を担任した時の話です。その子は、私が何か注意すると、「うるせー！」「（ケンカ）やるのか？」と、向かってくるのが常でした。そこで私は、「A君、間違ってるよね。みんな」「先生の言っていることは正しいよね？」と、クラスの子どもたちを味方につけながら、指導することにしました。団結して、正しい方向に進むことができるようなクラスに高める。そのなかで、A君も意識を変えてくれるだろうと思ったのです。ところが、A君の困った行動は、まったくおさまりませんでした。クラスが落ち着き、子どもたちの団結も強くなっているのに、彼の行動は日を追うごとに荒れていき、私に対する反抗もエスカレートしていったのです。

　そんなある日、仲間とケンカしてうなだれていた男の子を、A君が肩を叩きながらなぐさめているのを見かけました。そして、その時の彼の表情にハッとさせられました。何とも優しい顔をしているのです。その姿を見て、私は、これまで彼に何と過酷な仕打ちをしてきたのだろうかと、胸が痛くなりました。仲間を思う気持ちが人一倍強いA君。そんなA君に対して、私は他の子から隔離するような指導を続けてきたのです。彼は、私のことを、「自分を仲間から引き離そうとする敵」と思ったことでしょう。ことあるごとに悪者扱いし、仲間から引き離そうとする教師に、心を開く子などいません。

　私は、A君に対する指導を考え直しました。彼を指導する時は、他の子が見ていないところで行うようにして、最後に必ず「みんなと楽しくやろう。みんな待ってる！」と伝えるようにしたのです。彼は、決して邪魔者ではありません。クラスになくてはならない存在だということを、私自身にも言い聞かせ、そして、彼にも伝えたかったのです。

　私の気持ちが通じたのでしょうか。彼は徐々に落ち着き、一年間を終える頃には、態度こそ素直ではありませんでしたが、私の指導を受け入れるようになっていました。そして、6年生でも彼を担任することになったのですが、卒業式の日、「一緒に撮ろうぜ！」と誘ってくれて撮影した写真と、彼の母親からの手紙は、私の大切な宝物になっています。

　「あなたが好きだから叱る」「あなたのために叱る」。叱るという行為の根本に不可欠な「心」を、学校一のワルと言われた男の子は、教えてくれました。

Ⅲ章

[場面別]
困った高学年女子への指導のポイント

> 1. 生活場面
> 2. 学級活動場面
> 3. 授業場面
> 4. 友達関係場面

女の子のまじめさと責任感の強さは、
クラスに不可欠な存在です。
しかし、ひとたび嫌われると、
関係の修復に多くの時間と労力が必要になります。
高学年女子は、人前で恥をかくのを嫌がります。
叱る時は、追い込んだり、
「叱られた」と強く感じさせたりしないなどの
配慮が大切です。

Chapter III-1 生活場面での困った高学年女子

> 高学年になると、女の子には、髪型や服装、持ち物などの問題が起きてきます。しかし、高学年女子の生活指導で難しいのは、叱りを素直に受け入れない子がいることです。叱り方を間違えると、関係の修復に苦労を要することになります。

●叱られ経験の少ない女の子

　幼い頃から行動的な男の子と異なり、女の子はおとなしく、大人の言うことに素直に従った行動ができます。そのため、男の子に比べると、教師から叱られる経験が圧倒的に少ない傾向にあります。

　しかし、目立って悪い行動をしないとはいえ、きまりを破ったり、ズルをしたりするのは、女の子も同じです。目立つ行動がなく、叱られてこなかった分、女の子の方が、「バレなければ大丈夫」と、自らの行いを省みて正す力が育っていない子が多くいます。

　女の子は、叱られた経験が少ないので、高学年になると、叱られることを極端に拒絶します。「あんなに叱るなんて、ひどい！」と、叱る相手を非難してまで、叱られることを拒絶します。このような状態ですから、高学年になると、女の子の叱り方には、非常に気を遣わなくてはならなくなってしまいます。

●あからさまに分かる叱り方を避ける

　女の子は、叱られることを、自分自身でも恥ずかしいと思いますが、周りの友達に「あの子、叱られている」と思われることには、耐えられないくらい恥ずかしさを感じます。

　ですから、高学年女子を叱る時は、「私が叱られている」とあからさまに分かる指導の仕方は避けるようにします。例えば、不要な持ち物を持ってきた子を注意するのも、クラス全体に注意を喚起したり、一対一の時、さり気なくきまりを確認したりします。女の子の良いところは、その程度の叱りで行いを改められることです。

高学年女子の生活指導には、これらの女の子の「特性」を理解することで、人間関係を崩すことなく、効果的に進めるようにしましょう。

やってはいけない叱り方

その髪飾りを外しなさい！禁止されているよ！

何よ！ そんな叱り方しなくてもいいじゃない。先生、大っ嫌い！

❗ あからさまに「叱られている」と分かる叱り方をすると、反省するどころか、反発されて、指導に支障をきたすことに。

効果的な叱り方

その髪飾り、ステキだね。でも 学校にしてくるのは、どうだろうね

やっぱりダメか〜。外すの、もう少し後でいい？

❗ 気持ちを理解した上で、軽くたしなめ、ふり返らせる程度の方が、女の子には効果的な場合が多い。

Ⅲ-1　生活場面での困った高学年女子

Ⅲ -1- 生活場面……①

髪型や自分の容姿の状態を何かと気にする子がいる

高学年になると、おしゃれへの関心が高くなります。程度の差こそあれ、女の子にとって、おしゃれは大きな関心事です。それが高じて、いつも服装や髪を気にして直したり、何かあると、「恥ずかしい」と、うつむいたままになったり……。自分の髪型や容姿を何かと気にする子がいます。

どうすればいいの？
そのままで「きれい」と、子どもに自信をもたせる！
夢中になる学習活動の工夫で、興味を本来の方向に向ける。

今日は、リレー大会だから、はりきっていこう！

一生懸命楽しむ姿は、美しく見えるんだよね

指導のポイント❶＞＞＞＞ありのままがいいという自信を

　このような子は、自分に自信がもてない子です。日頃から声をかけて会話するように心がけましょう。担任に気にかけてもらっている、大切に思われていると、感じさせるようにします。会話を通じて、本音を聞いたり、その子の良さを伝えたりして、人間関係を築きながら自信をもたせるようにしていきましょう。自信をもてば、特に身を飾り立てる必要を感じなくなるものです。

指導のポイント❷＞＞＞＞夢中に取り組むことをつくる

　子どもは、何か夢中になることがあれば、高学年女子といえども、華美なおしゃれに夢中になることはありません。
　スポーツや学習イベントなど、子どもが本気で取り組む活動を行い、子どもたちが夢中になって楽しむ雰囲気のクラスにしていくことが必要です。
　加えて、子どもが熱中する授業になるように工夫して、子ども自身が、学校が毎日楽しいと思えるようにすることが大切です。

指導のポイント❸＞＞＞＞「本当の美しさ」を伝える

　スポーツや勉強など、自分を高めるために何かに打ち込んでいる若い女性は、本当に美しく感じます。
　この時期の女の子の美しさは、勉強やスポーツなど夢中になって取り組む気持ちがつくることや、髪型や服装を気にするよりも、はつらつと毎日を送ることが、美しさを引き出すことなどを、人生の先輩として教えてあげることも必要です。
　若いということはそれだけで美しく、若い時期の美しさは、外見をきれいに見せるだけでは得られないことを、伝えるようにしましょう。

+1 plus one point　「小学生らしくない」と一喝すると、女の子は反発します。きれいになりたいと思う気持ちに理解を示しながら、外見よりも中身が大切であると考えるように導きましょう。

Ⅲ-1-生活場面……②

化粧やアクセサリーなどをしてくる子がいる

たまに、小学生に不似合いな格好をしてくる子がいます。めったにいるわけではありませんが、服装だけでなく、化粧をしたり、アクセサリーを付けたりして登校する子がいます。最近では、髪の毛を染めるだけでなく、ピアスをしてくる子までいます。

どうすればいいの？
周りの子が影響を受けないように気を配る。
保護者を含め、時間をかけて指導を続ける。

> 若い頃から化粧をしていると、大人になるまでに肌がボロボロになってしまうのよ！
>
> おしゃれは、大人になってからでも、遅くないものね
>
> たいへんなことになるのね〜

指導のポイント❶＞＞＞＞別室で指導！　必ず外させる

　「化粧は落とす」「アクセサリーは外す」が指導の基本です。しかし、素直に化粧を落とし、アクセサリーを外すとは考えられません。別室に入れて、学校ではやめるように説得します。化粧などは、落とすまで教室に入れないくらいの姿勢でのぞみます。おしゃれへの興味に理解を示しながら、化粧やアクセサリーをしてきた理由をじっくりと聞きます。子どもの気分がやわらいだら、学校には不要であることや、きまりを守る大切さなどを説いて、化粧を落とさせ、アクセサリーを外させるようにします。

指導のポイント❷＞＞＞＞周りの子を育てる

　「朱に交われば朱くなる」という言葉通り、きまりを守る集団の中にいれば、派手な格好はしづらくなるものです。たとえ、一時期、化粧やアクセサリーをしてくる子が出たとしても、周りの子がそれになびかなければ、やっても仕方がないと考えるようになるものです。

　服装や持ち物に変化が起き始めた時に、クラスや学校全体で指導すれば、化粧やアクセサリーをしてくる子が出る確率は、ほとんどなくなります。日頃の子どもの観察と指導が物を言います。

指導のポイント❸＞＞＞＞保護者との対立は避ける

　このような子は、保護者がそれを認めていると考えられます。実際に、保護者に相談したら、逆に「なぜいけないのか？」と、抗議されたという話をよく聞きます。そのような姿勢の保護者と対立しても、時間と労力の無駄というものです。すぐに解決するのはあきらめて、保護者との対話を繰り返しながら人間関係を築き、学校教育を理解してもらうように努力を続けるしかありません。

+1 plus one point　保健室の先生に協力を求め、化粧やピアス、毛染めなどが、健康や美容に害をあたえることを、子どもや保護者に伝えることも効果的です。

Ⅲ-1- 生活場面……③

キャラクターグッズやキラペンなど、不要な物を持ってくる子がいる

筆箱の中に、かわいいキャラクターがついているものや、おしゃれに飾られたペンなどを、たくさん詰め込んでいる子がいます。
特に学習に必要なわけではなく、自分の持ち物を友達に見せては、「かわいい〜！」などと言い合っています。

どうすればいいの？ 男子も含めてクラス全員で持ち物について考えさせる。「強制」ではなく「協力」を求める指導を行う。

> バトル鉛筆などは、勉強に必要ない物だったよね。持ち物のきまりをもう一度確認しましょう

> まずい。明日から持ってこないようにしなくちゃ。私も叱られちゃう！

指導のポイント❶ ＞＞＞＞男子に対する指導を利用する

　このような場合の指導で大切なことは、女子を中心にした指導を避けることです。特に高学年女子は、皆の前で指導されることを嫌がります。女の子の持ち物が気になったら、男の子も含め、クラス全員に指導するようにします。男の子が「バトル鉛筆」「ゲーム消しゴム」などの指導を受けるのを見て、女の子は、「まずい」と感じるはずです。このままでは自分も指導されると感じると、自ら行動を正すことができるのが高学年女子です。

指導のポイント❷ ＞＞＞＞理由を伝えて、協力を求める

　「止めなさい」という強制的な指導よりも、女の子には、「協力してほしい」と求めるやり方の方が、格段に効果があります。
　かわいくおしゃれなグッズに興味をもつ女の子は多いと思います。しかし、持ち物の乱れから、クラスの規律が乱れる危険性があります。興味があることに理解を示しつつ、クラス全体のきまりを守るために禁止せざるを得ないと、しっかり理由を伝えながら禁止に協力するように求めれば、ほとんどの女の子は、分かってくれるものです。

指導のポイント❸ ＞＞＞＞自分から止めるように導く

　どうしても、持ち物を改めない子には、直接指導をするしかありません。この場合も、強制的な指導は絶対に避けるべきです。「あなただけきまりを守らないことを、周りの子は、どう思うだろう？」と伝え、考えさせるようにします。高学年女子は面目を気にするので、さすがにまずいと感じるでしょう。ここで、「今から、皆に分からないように、不要な物は、ランドセルに入れれば大丈夫」と、一押しします。

+1 plus one point　家族旅行のお土産を、友達にと学校に持ってくる子がいます。保護者会や学級通信などで、規則を守る面からも、禁止に対する理解と協力を得ておきましょう。

Ⅲ-1-生活場面……④

男性教師を毛嫌いし、男子との関わりをもとうとしない子がいる

高学年女子の中には、男子との接点をできるだけ避けたがったり、男性教師を毛嫌いして拒絶したりする子がまれにいます。何気ない会話を拒否するのならばまだ問題が少ないのですが、授業や生徒指導も拒否されては、指導に困ってしまいます。

どうすればいいの？
拒否されるのを恐れずに関わり続ける。
他の教師の助けを借りて、連携して指導する。

> それは、学校に持ってきてはいけないものだよね〜

> きっと話を聞いているはずだ。失礼な態度は気にしない、気にしない……

> 何よ、あっち行ってよ。うざい！

指導のポイント❶＞＞＞＞関わり続け、逃げない

　男性の教師が近寄ると、「あっち行ってよ！」と拒絶したり、嫌な物を見るような目でにらんだりします。教師とて人間です。そのような態度をとられれば、できるだけ関わりたくないと逃げたくなります。しかし、ここで逃げては、教師の責任から逃げることになります。嫌われても、プライドを傷つけられても、その子と関わり続け、その子の成長を見守らなくてはなりません。

指導のポイント❷＞＞＞＞無頓着を装い、他の子と同じ対応を

　拒否されても、朝のあいさつ、授業の指名、助言などすべて他の子と同じように声をかけます。無視されても、気にとめず、とにかく声をかけ続けます。子どもの反応に無頓着を装うのがコツです。もちろん、叱る場合も同じです。そっぽを向いていても、離れていても、伝えるべきことをしっかり伝えます。反応が返ってこなくても、気にせず伝え続けます。そうすることで、徐々にですが、子どもとの関係が築かれていきます。同じ「あっち行け」という言葉の中に、つながりのようなものを感じることができるようになっていきます。

指導のポイント❸＞＞＞＞女性教師との連携をはかる

　同学年の女性教師や、保健室の先生と連携しながら指導するのが基本です。意固地になって、自分一人で対応しようとしても、精神的にまいってしまい、良い結果は得られません。

　このような子は、女性教師には心を許し、相談などもすることができます。女性教師の協力を得て、子どもが、何を考え、どこでつまずき、何を求めているかといった情報を得ながら、対応を考えましょう。男性教師は叱り役、女性教師は相談役というように、役割分担して指導にあたる方法も考えられます。

+1 plus one point　家庭環境や、生育歴などの事情で、男性に不信感を抱いていることが多々あります。保護者との連絡を密にし、事情をしっかりと把握しながら、関わり続ける意志を示しましょう。

Ⅲ-1- 生活場面……⑤

些細なことでも注意されると、すねて口をきかなくなる子がいる

些細なことで注意すると、まるで注意した教師が悪いかのような態度をとり、ぷいとすねて不機嫌になる子がいます。一度すねると、なかなか立ち直らず、長い間教師と口をきかなくなります。
特に高学年女子に多く見られます。

こうすればいいの？
「叱られた」と感じさせない叱り方を工夫しながら、日頃から叱られることの意味を考えさせる。

- 靴のかかと、すぐに直してね
- しまった。また注意されないように、ちゃんと履いておこう

指導のポイント❶>>>>あっさり、ひと言で指摘

　このような子は、叱られる経験が少ないだけではなく、叱られることを恥だと思っています。ですから、周りから見て、明らかに「あの子、叱られている」と思われてしまうような叱り方をしてはいけません。あっさりと、ひと言、「直しなさい」と伝えて、その場を離れるくらいで十分です。ひと言伝えれば、すぐに反省して直すことができるのが、女の子の良いところです。しつこく責め続けると、逆に意固地になり、指導を受け入れなくなってしまいます。

指導のポイント❷>>>>目に止まりにくいからこそ注意を

　女の子は、男の子と異なり、大人を怒らせるような目立つ行動が少なく、聞き分けがあります。それで、女の子は、幼い頃から叱られる経験が少なくなります。だからこそ、じつは男の子以上に、注意を払い、その時その時に的確に指導しなくてはなりません。

　目につく行動はしませんが、友達に嫌なことをしたり、こっそりきまりを破ったりするのは、男の子と同じです。表面上のふるまいに安心して指導を怠ると、どんどん自分勝手でわがままに育ってしまいます。

指導のポイント❸>>>>叱られる＝ありがたいと分からせる

　今時の子、特に女の子は、叱られて育っていない子が多くいます。日頃から、「なぜ叱られるのか？」「叱られなければ、どうなるのか？」といったことを子どもたちに考えさせることが必要です。大人が子どもを叱るのは、その子が好きで、良い人に成長してほしいと願うからです。叱る側の大人の気持ちが分かれば、叱られることを極端に避けることもなくなっていきます。

+1 plus one point　もしも、注意して、すねられても、その態度を追及してはいけません。その子の側を離れたり、別の子と会話したりして、気付かないふりをしてあげるのが良い対処法です。

Ⅲ-1-生活場面……⑥

おしゃべりをして、集団行動に遅れたり、なかなか下校しない子がいる

女の子はおしゃべりが大好きです。ところが、おしゃべりに夢中になるあまり、集合時刻や授業の始業時刻、下校時刻を守らない子が出てきます。そのまま放置しておくと、時間にルーズになり、厳しく指導しても、担任の指導を聞かなくなってしまいます。

どうすればいいの？

さり気なく、ひと言かける。
できた時も、そっとほめて、あまり目立たないように指導する！

指導のポイント❶ >>>>> 集合前に、さり気なくひと言

　体育や図工などで、教室以外の場所で学習するとき、集合時刻を決めたり、制限時間を伝えたりして、時間に対する意識付けをします。この時、遅れ気味な女子には、集合前にひと言かけておきます。「大丈夫だよね」「みんなを待たせないように」など、簡単なひと言で十分です。遅れずに集合することができたら、そっと、「できると思っていた」と、さりげなくほめるようにします。高学年女子には、とにかくあっさり、そして、個人的に指導するのが基本です。

指導のポイント❷ >>>>> わざと待って、何も言わず学習へ

　とにかく、注意されたり失敗を見られたりして、目立つのを嫌うのが女の子です。ですから、教師がわざわざ皆の前で叱って注意する必要はありません。かえって、反発をされてしまいます。

　遅刻を繰り返すようなら、わざと全員がそろうのを静かに整列して待っておきます。友達が静かに整列をしているところに、遅れてきただけで、「しまった！」と思わせるのに十分です。ここで、声をかけたり注意したりせず、黙って、学習を進めるようにします。

指導のポイント❸ >>>>> 教室は施錠し、職員室を提供

　長い時間、教室や校内でおしゃべりをして、下校時刻が遅くなる子がいます。毎日繰り返されるようなら、帰りの会が終わったら5分以内で施錠するきまりにして、とにかく教室から出します。下校時刻を10分過ぎても校内に残っているようなら、「職員室で話そうよ」と、提案します。ほとんどの場合、これで急いで下校していきます。

+1 plus one point　たまには、放課後、教室で係の仕事をさせながら、話を聞いてあげることも大切です。いつも、叱るばかりでは、良い関係を築くことができなくなり、指導も拒絶されてしまいます。

Ⅲ-1- 生活場面……⑦

言い訳や嘘の多い子がいる

子どもは、誰でも叱られると、言い訳じみたことを言うものです。ところが、些細なことを注意しただけで、口答えをして、なかなか自分の過ちを認めようとしない子がいます。特に女子は、男子のように厳しい態度で叱られることが少ないので、時には嘘をついて、ごまかそうとします。

どうすればいいの？ ごまかすことは絶対にできないこと、嘘や言い訳がもっとも悪いことだと思い知らせる。

「私じゃありません！」

「そうか。じゃあ、A君とB君のデマだな。怒らなきゃ。ちょっと呼んできてくれる？」

「あっ、あのう。もしかしたら、忘れてたんですけど……」

指導のポイント❶＞＞＞＞ごまかしは絶対に許さない

例えば、当番さぼりの言い訳をしたら、「A君がそう言ったのだが、嘘をついたんだね。怒らなきゃ」と怒りを演じたり、「先生の勘違いだね。さぼってた子を見つけ出さなきゃ。みんなを集めて」と頼んだりします。特に女の子は、体裁を大切にするので、すぐに「そういえば、さぼっていたかも」と認めざるを得なくなります。このように、徹底的に言い訳や嘘が通らないことを分からせる必要があります。

指導のポイント❷＞＞＞＞逃げ道をつくりながら指導する

一度口から出た嘘や言い訳は、追及されればされるほど、認めるのが難しくなるものです。特に女の子は、絶対に自分が悪者になることを良しとしません。あまり厳しく追及すると、逆に「私のことを悪者にしようとしている」と、反撃されるおそれがあります。

早めに「きっと忘れていたんだよ」「勘違いしていたんだよ」と、笑いながら言ってあげましょう。「そういえば、忘れてた」と素直に認めることができるように「逃げ道」をつくってあげることも必要です。

指導のポイント❸＞＞＞＞もっとも重要なのが日頃の指導

「先生は、過ちよりも、嘘や言い訳をすることに厳しくする」と、日頃から子どもたちに宣言しておきましょう。そして、日頃からそれを行動で示すように心がけます。「宿題を忘れたのではなく、やらなかったと正直に言おう」「遊んでいてトイレに行く時間がなくなったと、素直に言おう」といった具合です。そうした教師の日頃の指導が、嘘や言い訳を許さないクラスにしていくのです。

+1 plus one point　誰でも、言い訳をしたり嘘をつくことはあります。特に女の子に対しては、「あの子が言うのだから」「嘘をつくはずはない」と、思い込みで指導しないようにしましょう。

Chapter III-2 学級活動場面での困った高学年女子

> 女の子は、目立って悪いと分かる行動はしませんが、目立たないようにラクをしたり、自分の好きなようにしたりします。これらの行動を放っておくと、その子のためにならないだけではなく、クラスの統率に影響を及ぼしてしまいます。

●目立たないからこそ、目を光らせる

　男の子と同様、女の子も、当番や係の仕事でラクをしたり、嫌なことを避けたりします。しかし、女の子は、教師に気付かれないようにうまく立ち回ったり、目立たないようにこっそりやったりする子が多いので、見逃しが多くなり、指導の機会が少なくなりがちです。

　しかし、このような状態をそのままにしておくと、上手に立ち回る術を覚えたり、裏と表の顔を使い分けたりする子になってしまいます。気付いた時には、教師や大人をバカにしたり、嘘や言い訳をしたりして、最後まで自分の過ちを認めない子になってしまいます。

　特に普段しっかりしている子は、「あの子は、しっかりしているから」「任せておけば大丈夫」と、教師もついつい先入観で思い込んでしまいがちです。しかし、はたから見て、しっかりしている女の子だからこそ、きめ細やかに観察して、機会をとらえて指導することが、きわめて重要です。

●全員が動くシステムづくりが重要

　女の子は、周囲からの自分の見られ方をとても気にします。ですから、周囲の環境を変えてやることが効果的になります。学級活動で、高学年女子の力を引き出すためには、「正しいことを実行できる」クラスの雰囲気をつくっていくことがとても重要です。

　例えば、こっそり目立たないように、ラクをしようとする子が出ないように、計画と確認が確実になされる仕組みをつくります。全員が活動に参加する仕組みをつくり、子どもたちの交流を活発にしながら、本音・本気を引き出すことによ

り、クラス全体を正しいことを当たり前に実行する雰囲気にしていきます。そういう雰囲気の中にいてこそ、女の子は、まじめで責任感が強いという、本来もっている良さを伸ばしていくのです。

やってはいけない叱り方

> そこの君、プリント配るの手伝って

> 手伝ってって、言ってるだろ。こそこそ逃げても、分かっているよ！

❗ 上手に立ち回る子を直接指導しても、反発され、言い訳や、立ち回るのがもっとうまくなる危険がある。

効果的な叱り方

> 1班の5人。プリントを配る当番ですね

> ○○さん。プリントを配る当番だよ

❗ 全員が公平に活動するシステムをつくると、当たり前のことを当たり前にやる雰囲気が生まれ、女の子の責任感が伸びる。

Ⅲ-2 学級活動場面での困った高学年女子……… 125

Ⅲ - 2 - 学級活動場面……①

うまく立ち回って、ラクをしようとする子がいる

掃除や給食などの当番活動や係活動で、わざと遅れたり、嫌な役割を友達がやるまで、他の用事をしたりと、面倒な仕事から逃れるようにうまく立ち回る子がいます。
あまり目立たないのですが、気が付くとラクな仕事ばかりしているので、他の子にとっては、とても迷惑です。

どうすればいいの？ 注意して観察し、活動が始まる前に、必ず役割分担を確認させ、平等の原則を崩さない！

> 今日の自分の役割を確認して！ 全員準備できてから、スタートするよ！

> 今日はおかずの当番か～。嫌だな。でも、これじゃあ、ズルはできないわね

指導のポイント❶ ＞＞＞＞学級づくりの危機と考えて対応

　このような子は、普段はあまり目立たなくて、表だって気になる行動もしないため、教師は、うまく立ち回っていることを見逃しがちになります。しかし、周りの子どもたちは、気付いています。そのまま放っておくと、その子への不満が大きくなります。クラスに不平等が生じてしまい、学級経営にも悪影響をおよぼし、担任への不満につながる恐れさえあります。友達関係や教師との関係を良好に保つためにも、うまく立ち回ってラクをする子をつくらないように心がけましょう。

指導のポイント❷ ＞＞＞＞活動開始までに、確認時間を

　早く準備ができた子から活動を開始すると、どうしても、気のいい子が割を食うことになってしまいます。このようなことを防ぐために、当番や係活動を開始する前に、誰がどの役割をするかを、必ず確認させるようにします。集団で生活していると、このような事態が必ず生じると考えて、みんなが平等に活動できる仕組みを整えなくてはならないと考えましょう。

指導のポイント❸ ＞＞＞＞みんなの前で叱らず全体指導で解決

　個人指導をすると、「あなたはずるい」と、攻撃されているように受け取る子がいます。周りの子から悪く思われかねない指導は、特に女子にとって、耐えられない屈辱ですから、他の子の前で叱ることはできる限り避けるのが基本です。先に記したように、子どもが平等に活動せざるを得ない仕組みやきまりを、工夫しながら定着させることに力をそそぐようにします。崩れてきたと感じたら、クラスできまりを確認して、全員が気持ちよく活動できるように、教師が率先して呼びかけるようにすることが必要です。

+1 plus one point　他の子に気付かれないように、その子に、「友達はよく見ているよ」と、伝えながら、自分の行いをふり返らせるように指導しましょう。

Ⅲ-2-学級活動場面……②

人任せといった感じで、話し合いに参加しない子がいる

おしゃべりをしたり、ノートに落書きをしたり、ぼーっとしていたりして、クラスの話し合いに積極的に参加しようとしない子がいます。
特に、話し合いを妨害するというわけではないのですが、まるで他人事といった態度で、困ってしまいます。

どうすればいいの❓ 係活動を活性化させ、楽しいイベントについての話し合いで、参加したい気持ちにさせる！

指導のポイント❶＞＞＞＞楽しいイベントのすすめ

　子どもは、何か楽しいことをやるとなれば、本気で活動し始めます。時間的に苦しいとは思いますが、最低、月に１回は、クラスでイベントを行うことをお勧めします。「靴とばし大会」「空き缶積み大会」「カラオケ大会」など、子どもが楽しんで参加できるものを計画し、イベントに向けて必要な事柄（やり方、きまり、準備物など）を話し合わせます。「クラスで楽しむ」という目標に向かって、子どもたち全員が本気で話し合いに参加するように導くことが必要です。

指導のポイント❷＞＞＞＞司会への指導で全員参加の必要性を

　話し合いで重要な役割をするのが司会者です。意見を聞いたり説明を求めたりして、全員が話し合いに参加できるように進めなくてはなりません。全員を話し合いに参加させるためには、司会のやり方を指導することが必要です。子どもが慣れないうちは、教師が司会者を指導しながら話し合いを進めます。この時、他人任せの態度をとる子をわざと指名して、発言を求めます。「司会者は、指名して全員を参加させることが大切」と、司会者を通じて、積極的に話し合いに参加しない子を戒めたり、クラス全員に指導したりします。

指導のポイント❸＞＞＞＞企画の責任者を経験させる

　話し合いを他人事にしないように、クラスの子全員にイベントを企画・運営させます。イベントの企画・運営の責任者を経験させることで、クラス一人ひとりの協力のありがたさや大切さを実感させることができます。みんなで意見を出し合うことの大切さが分かるようになり、話し合いやイベントに積極的に関わろうとするようになります。

+1 plus one point　企画を考えづらい係もありますから、教師のアイデアを提供することも必要です。例えば、新聞係なら、新聞紙面から、もっとも画数の多い漢字を探すなどです。

Ⅲ-2-学級活動場面……③

決まったことを、あとになって、ぶつぶつ文句を言う子がいる

その場では質問や反対意見を出したり、自分の考えを言ったりしないのに、話し合いが終わったあとで文句を言う子がいます。
時には、担任や友達に対する不平不満を口にすることもあり、クラスの雰囲気が悪くなってしまうことがあります。

どうすればいいの？
話し合いを終える時の指導を工夫！
その子の気持ちをはき出させながら指導する。

指導のポイント❶＞＞＞＞「今のうちだよ」と念押しする

　話し合いや指導を終える前に、必ず質問や意見はその場で出すように言います。そして、「あとで、不満や文句を言うのは、陰口と同じで、許されないことだ」と、話し合いのルールを確認します。最後に、子どもたちを起立させ、「決まったことに不満や文句を言わない人だけ着席」と、念を押して終わります。

　このように、不満があっても、陰口のような文句を言わないと子どもたち全員で互いに確認し合うことが必要です。不満をもって話し合いを終えた子も、全体の場で言わない自分に責任があると、後の行動を自重するようになります。

指導のポイント❷＞＞＞＞話し合いのきまりを常に確認

　意見を出し合って討論することは、非難し合うことではありません。意見を交流させることによって、相手の考えを知り、新しい視点を得、本当の意味での協調の力を身に付けさせることができます。そのためにも、「意見は出し合う」「議論をし尽くす」「決定事項は守る」といった話し合いのきまりを、常に確認させておく必要があります。

指導のポイント❸＞＞＞＞不満を聞き、応援の姿勢で

　あとになって文句を言うことは、もちろん許されないことです。しかし、みんなの前で意見を言うことが苦手な子もいます。その子たちの気持ちに寄り添うことも、時には大切です。不満を聞きながら、友達に代弁してもらうなどの方法を一緒に考えたり、相談にのったりします。「これはダメ」と一刀両断する前に、話し合いの場で自分の意見を出すことができるように、子どもを応援することが必要です。

女子　学級活動場面

+1 plus one point　「本当に嫌だわ～！　ねえ、奥さん！」などと、からかいを入れて笑わせて終わる方法もあります。笑いで気持ちを切り替えてあげると、それほど気にしなくなる場合もあります。

Ⅲ-2　学級活動場面での困った高学年女子

Ⅲ - 2 - 学級活動場面……④

同じ友達とばかり組んだり、活動したりする子がいる

学級活動に限らず、当番活動や委員会活動も、何をする時でも仲のよい決まった友だちとばかりでしか活動しない子がいます。何をする時も同じ子と一緒でなくては不安で、他の子とはまったく一緒に活動しようとしません。特に高学年の女子に多く見られます。

どうすればいい❓
教師主導で班づくりを行う。
毎日の授業で、意図的に交流する場を設ける！

友達に合わせたり、縛られたりするのは、本当の仲よしと言えるのかな？

好きな時に好きな人と遊べるのがいい

いつもベッタリじゃあ、嫌になっちゃう

指導のポイント❶＞＞＞＞意図的に交流を広げる

　子どもに任せておけば、自然に好きな者同士でグループをつくるのは当たり前です。そこで、基本的に、「好きな者同士」「子どもの話し合い」でのグループづくりをしないようにします。教師主導でジャンケンやクジ、座席順や誕生日順などで班づくりを行い、できる限り多くの友達と活動することができるようにします。誰とでも、班づくり・班活動を行うのが当たり前と思えるようにしておくことが必要です。

指導のポイント❷＞＞＞＞授業は交流の場と考える

　遠足や修学旅行などの行事の時にだけ、交流を意識するのでは不十分です。学校生活のあらゆる場で、常にさまざまな子が交流できる場づくりを意識した指導を行うことが必要です。そのためにも、当番活動や係活動、毎日の授業で、できるだけ多くの友達と活動する場を設けるようにします。例えば、体育の授業でこまめにグループを組み替えたり、国語の話し合いで、多くの友達と意見交流をする場を設けたりと、子どもを交流させる場は意外とたくさん見つかるものです。

指導のポイント❸＞＞＞＞二人組制で、交流を広げる

　二人組をつくって活動させる場面を活用しましょう。普通、答え合わせは、隣の席の子で組になります。給食当番は、一週間固定して同じ二人組で活動します。子どもの交流を増やし、全員が誰とでも活動するために、二人組をどんどん異なる相手に組み替えていきます。二人組での活動はとても多く、相手との交流も密になるので、効果的です。

+1 plus one point　決まった友達としか活動できないようでは、自分の良さを伸ばしたり可能性を見つけたりできなくなります。機会あるごとに、そのことを子どもに伝え続けるようにしましょう。

Ⅲ-2-学級活動場面……⑤

行事やイベントに参加しようとしない子がいる

学級イベントや学校行事に、一応参加はするのですが、無気力で、みんなと積極的に活動しようとしません。場合によっては、時間に遅れてきたり休んだりする子もいます。このような子がいると、クラスの雰囲気にも影響をあたえるので、困ってしまいます。

どうすればいいの？ 少人数で行う係活動で、他の子の協力を得ながら、友達と活動する楽しみを味わわせる。

指導のポイント❶ ＞＞＞＞係活動を活用する

　友達も限られていて、行事やイベントだけでなく、何をするにも、楽しいと感じることのできない子です。このような子の多くは、今ひとつクラスにとけ込むことができていません。
　そこで、少人数で活動することの多い係活動を生かして、友達と活動することの楽しさを味わわせるようにします。例えば、新聞を作ったり、教室掲示を考えたりするなど、その子が興味のありそうな係活動を一緒に考え、他の子の協力を得ながら進めていきます。

指導のポイント❷ ＞＞＞＞他の子に声かけを頼む

　友達が楽しそうに活動しているのを、じつはうらやましく思っています。乗り遅れた気がして、入りづらい場合も多々あります。クラスの和に入りやすいように、「一緒にやろう！」「楽しいよ！」と、他の子に声をかけてもらいます。特にいつも親しくしている子には、何度でも誘いにいくように協力してもらいます。日頃から、さまざまな場面で、友達同士が声をかけ合う習慣をつけておくとよいでしょう。

指導のポイント❸ ＞＞＞＞担任が率先して楽しむ

　イベントや行事で、クラスに冷めた雰囲気が漂っていたら、担任が率先して楽しみ、子どもたちを引き入れていくことが必要です。クラス全体が楽しむことのできる雰囲気になれば、最初は冷めて見ていた子も自然に本気で楽しむようになるものです。参加しようとしない子がいることは、担任の楽しむ姿勢が足りないと考え、子ども以上に楽しむ力を身に付けていきましょう。

> **＋1 plus one point**　教師が、「やろう」と声をかけて誘っても逆効果です。特に男性教師に言われると拒絶する女の子がほとんどです。他の子に声かけを頼むとよいでしょう。

Ⅲ - 2 - 学級活動場面……⑥

「太りたくない……」などと言って、給食を食べない子がいる

高学年になると、自分の体型を気にする女の子が増えてきます。おしゃれやダイエットに興味をもつのは仕方がないのですが、給食の量をわざと減らして残す子がいます。健康面や教育的な見地から、給食指導をしているので、最近、このような子が増えてきて困ってしまいます。

どうすればいいの？ 周りを気にせずに食べられる環境づくりと、女の子の心をくすぐる指導を！

男の子は、健康的な女の子に魅力を感じるんだよ！

よく笑って、よく動いて、そして、よく食べる……

まっ！

指導のポイント❶＞＞＞＞食べやすい環境づくりを

　このような子にも、給食は残さず食べる指導をしなくてはなりません。どうしても食べたくないという子には、食器を必ず空にする条件で、量の調節を認め、教師と相談しながら決めるようにします。はじめのうちは、子どもの要求を聞き入れて少なめに盛ります。そして、徐々に他の子と同じ量に近づけていきます。たくさん食べることを、格好悪いと思っている子にとっては、教師と一緒に量を調節することで、「自分が好んで食べているのではない」とアピールすることになり、周りを気にしないで食べることができます。

指導のポイント❷＞＞＞＞健康面からの指導をしっかり行う

　成長段階にあるこの時期に、ダイエットなどは非常に危険です。無茶な食事制限は、骨を弱くしたり、ホルモンのバランスを崩したりして、健康を害してしまいます。そのことを、子どもに伝えるために、保健室の先生と協力して指導を行う必要があります。それに加えて、学級通信や保護者会などで、保護者にも、身体の成長と食生活について考えてもらい、協力を求めるようにしましょう。

指導のポイント❸＞＞＞＞健康的な女の子の魅力を伝える

　好みの差はありますが、どんな男の子でも、健康的ではつらつとした女の子が好きです。おしゃれな服装で着飾った子よりも、毎日、笑顔で活発に活動する、健康的で明るい女の子は人気があります。そのような女の子は、決まってよく食べます。よく食べて運動して笑う健康的な女の子が魅力的だということが、男の子の意見として伝わるような工夫をして、女の子の心をくすぐりながら指導しましょう。

> **+1 plus one point**　過度なダイエットをすると、筋肉や骨が衰えて「隠れ肥満」になってしまいます。栄養バランスの整った給食の良さを伝えることは、そういった意味でも大切です。

Ⅲ-2-学級活動場面……⑦

ふき掃除や、手が汚れる仕事を避ける子がいる

最近の女の子は、雑巾をさわったり洗い場を掃除したりするのを嫌がる傾向があります。給食がこぼれた時も、素早く片付けに動くのは、男の子です。手が汚れる仕事は、誰でも嫌なものですが、それを男子に押しつけて避けようとする女子が増えたことは、とても残念です。

どうすればいいの？
手が汚れる仕事に慣れさせることが大切！
掃除当番を厳しくチェックし、教師も一緒に手を汚す。

- きったね〜
- 床に落ちただけでこれは食べ物だよ。全然きたなくないよ
- さあ、一緒に片付けよう！
- そうか〜。よく考えたら食べ物だもんね！

指導のポイント❶ ＞＞＞＞ごまかしを見逃さない

　目立った悪さをしない女の子の中には、掃除時間に少々ズルをしていても見逃されて高学年までくる子が少なからずいます。よくよく観察すると、女子の中にも男子に負けず劣らず、掃除をさぼっている子がたくさんいます。「女の子は大丈夫」と考えないことです。

　掃除場所をこまめに見て回り、だらだらと掃除している子には、ひと言注意をあたえます。その後で、ふき掃除や手洗い場、トイレ掃除などは、短い時間でも、教師が手本を示しながら一緒に掃除をするようにします。

指導のポイント❷ ＞＞＞＞教師が率先して手を汚す

　手が汚れる掃除は、誰だって嫌なものです。言葉だけで「やりなさい」と叱っても、特に女の子は、「私にだけやらせて」と、反発心を抱くだけです。手が汚れる仕事は、必ず教師も一緒になってやることが大切です。仕事が終わった後で、「心がきれいだから、みんなが嫌がる仕事ができるんだよ」と、大いにほめます。女の子は、「きれい」「すてき」とほめられるのをとても好みます。

指導のポイント❸ ＞＞＞＞洗えば大丈夫！　元々食べ物

　最近、家庭で手が汚れることをする経験が少なくなっているせいで、潔癖気味になっている子が増えています。特に女の子は、遊びでも手を汚すことが少ないので、その傾向が顕著です。

　手が汚れたら洗えば元通りです。こぼれた給食は、元はと言えば口に入れる食べ物です。手を汚す経験をできるだけたくさんさせて、その感覚を染み込ませることが必要です。

女子　学級活動場面

+1 plus one point　「すてきな人」を書いたプリントを掲示しておきます。その「すてきな人」として、「こぼれた給食を片付ける人」「手洗い場をきれいにする人」などの項目を書き込んでおきます。

Ⅲ-2　学級活動場面での困った高学年女子

Chapter III-3 授業場面での困った高学年女子

> 授業中での高学年女子の困った行動は、手紙回しやマンガを描くなどして、目立たないように授業に参加しないでいることです。また、間違いに対して敏感になりすぎて、消極的な行動をしたり、すねたりすることも、教師の頭を悩ませます。

●大切なのは、「心もち」を変えること

　女の子は、立ち歩いたり騒いだりと、表だって人に迷惑をかけることは、ほとんどありません。だからこそ、女子の困った行動は、男子のそれに比べると、問題が大きいとも言えます。手紙回しなどは、その最たる例で、手紙には陰湿な内容のものも多々あり、いじめを助長する場合もあります。また、みんなの前で間違えることに、とても敏感になる子も多く、指名されると黙り込んだり、答えを間違えるとすねたりして、対応に苦慮することがしばしばです。

　女の子は、厳しく一喝したり、みんなの前で叱ったりしても、一時的に行動を改めさせることは比較的簡単にできますが、それをきっかけに教師を拒絶したり反発したりする気持ちが大きくなり、自らの行いを振り返り、改めようとする気持ちを育てることが難しくなります。授業中、困った行いをする女の子を指導する上で必要なのは、困った行動の奥にある「心もち」を反省させ、改めさせることです。

●全員参加を確認できる授業を

　コソコソ手紙回しをしたり、ノートに落書きをしたりするのは、参加しなくても支障がない授業の進め方に問題があります。教師が板書にかける時間が長い、課題を考えるふりをしていれば大丈夫……。そのような授業を見直し、改善することが必要です。必ずノートに書かせたり、誰に発表が当たるか分からないような指名をしたり、子どもの学習状況を確認する机間巡視を行ったりと、授業に参加せざるを得ない状況をつくることが大切です。

　全員が参加している授業であれば、教師の目を盗むことはできません。また、

極端に間違いを恐れる子もいなくなります。高学年女子によくある困った行いは、全員参加を意識する授業によって、ほとんどの場合、防ぐことができます。

やってはいけない叱り方

「何やっているの！その手紙、出しなさい」

「何よ。そんなに怒らなくても。たかが手紙回しでしょ」

❗ 厳しく叱るだけでは、一時的に行動はおさまっても、反省の気持ちがわかず、繰り返し問題が起きる危険性がある。

効果的な叱り方

「これから書くことを写してね。先生が書き終わって10秒以内に写し終わること」

「時間です。写し終わっていない人、手を挙げて！」

「ぼーっとしている時間はないわ。早く写さなきゃ」

❗ 全員が、授業に集中せざるを得ない状況をつくることが、困った行動を予防することにつながる。

Ⅲ-3-授業場面……①

手紙を回す子がいる

授業中、教師の目を盗んで手紙を回して、コンタクトを取り合っている子どもたちがいます。
授業に参加しない行為であることに加えて、書かれている内容には、指導を必要とするものが多いという面からも、絶対に許してはならない行為です。

どうすればいいの？
目立たないように回収し、あとで指導！
全員が参加せざるを得ない授業を行うのが大原則。

指導のポイント❶ ＞＞＞＞＞発見したら、黙って回収

　手紙を回そうとするところや、手紙を書いているところを見つけても、大きな声で「出しなさい」と言ったり、その場で叱ったりしないことがポイントです。無言でそっと手を出して、手紙を回収します。ほとんどの場合、教師が静かに「出しなさい」と言う仕草をすれば、差し出すものです。騒ぎ立ててみんなの注目を浴びたくないからです。回収したら、何事もなかったかのように、授業を進めます。指導は、あとで別室に呼んで行います。

指導のポイント❷ ＞＞＞＞＞手紙を書く時間をあたえない

　手紙を書く時間を、できる限りつくらない授業を行うようにします。音読は両手で本を持って立てて行う、ノートが書けたら鉛筆を置いて姿勢を正して待つ、姿勢が崩れたら立て直す指示を出す、板書中でも時折子どもの方を振り向く、全員を見回しながら話をする……。子どもを授業に集中させる工夫は、たくさんできるはずです。

指導のポイント❸ ＞＞＞＞＞立ち位置に気を配る

　授業中は、黒板の前に立って授業を進めることがほとんどです。しかし、ひとつの授業時間において、ずっと同じ位置で授業を進めるのは考えものです。黒板の前に立って指導するときは、横に動きながら話します。ノートを書かせたり音読させたりする時は、机間巡視を行います。常に全員の子を観察して、必要がないのにうつむいたり書き物をしたりする子の行いに目を光らせます。

　立ち位置に気を配り、さまざまな角度から子どもの様子を観察することは、学習規律を守らせ、全員を授業に参加させることにつながるだけではなく、子どもの学習形成を効果的に行うためにも必要なことです。

+1 plus one point　ノートを書くふりをして、姿勢を崩しながらメモに手紙を書いている場合があります。手や頭でノートを隠して書くなど、崩れた姿勢で書く子には、必ず姿勢を正すように指導します。

Ⅲ-3-授業場面……②

指名されると、声が小さくなったり、黙り込んだりする子がいる

普段は、元気に大きな声で会話したり話しかけたりすることができるのに、発表する時になると、とても小さな声しか出せない子がいます。小さな声でも、発表しようとする子は、まだいいのですが、黙り込んで、いくら催促しても何も言わない子もいます。

どうすればいいの？

「聞いてもらえる」安心感と、「伝えられた」自信をもたせる指導を工夫する！

指導のポイント❶＞＞＞＞安心感をあたえる

　声が小さいからと、「大きな声で言いなさい」という叱り方は、子どもを萎縮させるだけで効果がありません。「いいこと言っているよ。もう一度」と、話を聞かせてほしいと伝えたり、「隣の人、みんなに伝えてあげて」と、他の子の協力を求めたりします。発表するのが苦痛と感じさせないようにするために、「言えば、必ず聞いてくれる」という安心感をあたえるようにしましょう。

指導のポイント❷＞＞＞＞教師がスピーカーになる

　教師が、その子のところまで行って耳をすませます。教師の仕草に注目して、子どもたちは静かになります。小さな声で言った言葉を、教師が、他の子どもたちに聞こえるように言い直します。つまり、スピーカーの役割をするのです。この方法を続けていると、クラスの子どもたちの聞く姿勢が変わってきます。自分の意見が伝わるという自信からでしょうか、その子の声も徐々に大きくなっていきます。

指導のポイント❸＞＞＞＞しつこく深追いしない

　大きな声が出るまでしつこく指導したり、黙っている子が何か言うまで待ち続けたりしてはいけません。子どもはますます萎縮してしまいます。たとえ、その時は発表できたとしても、ますます人前で話すことを嫌いにさせてしまいます。また、しつこい指導を続けると、その子からだけでなく、他の女子からも反発される恐れがあります。

　女子の団結は、関係がうまくいっている時は頼もしいのですが、敵に回すと本当にやっかいです。特に女子をみんなの前でしつこく指導することは、絶対にやってはいけません。

+1 plus one point　「静かに。聞きなさい」などと注目させると、緊張して黙り込んでしまう場合があります。さり気なく、「みんな聞いてるよね」と確認する程度にしましょう。

Ⅲ-3-授業場面……③

間違えると、すねてしまう子がいる

できない課題があったり、答えを間違えたりすると、機嫌が悪くなって、すねてしまう子がいます。正しいやり方を習得させたいと思っても、黙り込んだり、そっぽを向いたりして、学習に参加しようとはしません。その態度に、こちらも腹を立て、教室の雰囲気が悪くなってしまいます。

どうすればいいの？
とりあえず立ち直るまでそっとしておく。
他の子の指導を通じて、「間違うことは大切」ということを学ばせる！

指導のポイント❶＞＞＞＞無視して、授業を進める

　すねてしまった子の機嫌を直すことに力を入れても仕方がありません。なぐさめたり、励ましの言葉をかけたりして早く立ち直らせることに力をそそぐより、そのままそっとしておく方がいいのです。しつこく声をかけると、「しつこい」と反発されてしまうのがおちです。

　時間がたって、立ち直ったと確信したら、すねた原因となる話題には触れず、機会を見つけて別の話題で話しかけます。

指導のポイント❷＞＞＞＞間違いを肯定的にとらえる

　このような子に限らず、できなかったり間違えたりした時は、「間違うから成長できる」などと、教師が間違えることを肯定的にとらえていることを伝えていきましょう。他の子が間違えた時、間違いをいつまでも気にしないで、直そうとする姿勢を大いにほめます。その指導を通して、すねる子に、間違うことは恥ずかしいことではないと、暗に伝えるようにします。

指導のポイント❸＞＞＞＞間違いに慣れさせる

　「自分は間違えた」と、間違いを認める経験を多くさせることが必要です。最初は、その子が確実に正解している問題を発表させます。生活場面でも、機会をとらえてほめ、自信をもたせていきます。ある程度人間関係ができてきたら、その子が間違える質問に答えさせます。この時、「間違ったけれど、よく答えた」「がんばった」と、さらりとほめて、あとは知らん顔で授業を進めましょう。

　間違いを認める経験を多くさせることで、少々間違っても平気になっていき、すねる方が恥ずかしいと感じるようになります。

+1 plus one point　例えば、「先生、じつは漢字苦手なんだよ」と、自らの失敗を子どもたちに堂々と開示します。そして、それは「勉強になった」などと、間違いは恥ずかしくない、大切だと伝えます。

Ⅲ-3-授業場面……④

ノートを写すことに熱中し、話を聞いていない子がいる

女の子は基本的にまじめで几帳面な子が多いものです。例えば、丁寧な文字で、色をつけて、見ていてうっとりするノートを作っているのは、女の子です。ところが、ノート作りに熱中するあまり、教師や友達の話を聞いていなかったり、考える時間をおろそかにしたりする子がいます。

どうすればいいの？
ノートをまとめる時間は確保！
ノート指導をしながら、メリハリをつけた授業を。

> ここ、大切なポイントだよ。ノートの手を止めなさい

> 分からなくなったら困るもんね。気を付けなきゃ！

指導のポイント❶＞＞＞＞聞く・書くとメリハリある授業を

　中学校での学習に向けて、ある程度は教師や友達の話を聞きながら、ノートをとる力も身に付けていかなければなりません。しかし、「ここぞ」という場面では、必ず手を止めさせて、聞くことに意識を集中させることが大切です。絶対に外せない重要なポイントでは、ノートをとることを含め、他の作業を一時中断させます。意識を集中して聞く、書ける時にサッと書くというメリハリのある授業を行うことで、その結果として、子どもにもノートを書くことと聞くこととのバランスが身に付いていくのです。

指導のポイント❷＞＞＞＞板書と同じスピードで写させる

　ノートをとるのに、もっとも適した時間は、教師が板書をしている時間です。そのことを、子どもに伝えておきます。そして、ノートをとる時は、教師が板書するのと同じくらいのスピードで写すことを目標にさせます。「ノートに書きなさい」と指示してから、板書し始めます。板書し終わって、10秒程たってから、「書き写した人」と確認します。できている子を大いにほめながら、ノートをとる速さを習得させていきます。もちろん、板書の速さを児童の実態に応じて変えていくことが必要です。

指導のポイント❸＞＞＞＞まとめる時間を確保

　板書を写しただけでは、味気ないノートです。特に女の子は、色をつけたり、イラストを加えたりして、ノートを美しくまとめたいと思っています。可能であれば、5分間の「まとめ時間」を確保します。毎時間は無理でも、可能な限りノートをまとめる時間の確保は必要です。

+1 plus one point　ノート作業を中断させて、前を向かせたい時は、全員が前を向くまで黙って待ちます。「止めろよ」「前を見ろよ」などと、子ども同士で注意し合うようになります。

Ⅲ-3-授業場面……⑤

教科書やノートに、アイドルの写真やプリクラシールなどを貼っている子がいる

アイドルの写真入りの筆記用具やノートなどをたくさん持っている女の子がいます。それだけならいいのですが、なかには、アイドルの写真やプリクラシールを筆箱や教科書にまで貼っている子もいます。授業中もアイドルの写真を見て、勉強が上の空になってしまいます。

どうすればいいの？ 一人で解決しようと思わない。学年での統一と保護者の協力を得ながら指導する！

そのシールは、勉強するのに必要なのですか？

邪魔にならないし、隣のクラスの子もやってるよ

そう。じゃあ、他の先生にも聞いてみるね

保護者にも、連絡して協力を得なくっちゃ

指導のポイント❶＞＞＞＞勉強に必要か考えさせる

　必要以上にアイドルの写真などを貼った勉強グッズを持ってきている子には、そっと呼び出して、「勉強に必要かどうか」を考えさせるようにします。ほとんどの場合、「不要」と答えるので、どうすればよいのか本人の口から答えさせて禁止させます。その子だけの指導に止まれば、「他の子も……」と不満をもつので、折を見てクラス全体にも考えさせるようにします。

指導のポイント❷＞＞＞＞他のクラスと統一した指導を

　クラスによって持ち物のきまりが異なるという事態は、避けなくてはなりません。隣のクラスはOKなのに、このクラスはダメとなれば、子どもは黙っていません。他の教師と連携して、ある程度は、学校や学年で統一して指導する必要があります。そのためにも、日頃から子どもの持ち物に気を配り、「これは？」と思う物については、決して自分一人で結論を出さず、他の教師と相談するようにしましょう。

指導のポイント❸＞＞＞＞家庭に協力を呼びかける

　高学年にもなると、自分の子の持ち物を把握できていない保護者が増えてきます。しかし、まだまだ保護者の監督が必要な時期です。自分の子が何に興味をもっているのか、勉学に集中できているのか、万引きなどをしていないか、いじめを受けていないかなど、さまざまなことを、持ち物から知ることもできます。保護者には、そのようなことも伝えながら、協力を呼びかけます。我が子が、小学生の本分に集中するためとあれば、協力してくれる保護者は多いはずです。他のクラスと統一をはかり、保護者と連携して指導することで、指導の効果も上がり、子どもの担任批判を防ぐことにもなります。

> **+1 plus one point**　特に持ち物には目を光らせるべきです。「これくらいなら」と一度許せば、クラスに不要な物を持ってくる子が増え、統率がとれなくなる恐れがあります。

Ⅲ-3　授業場面での困った高学年女子

Ⅲ-3-授業場面……⑥

病気でもないのに、体育の授業を度々休む子がいる

特に高学年女子の中には、病気でもないのに「体調がすぐれない」と、体育の授業を度々休む子がいます。プール学習などは、その傾向が顕著になります。担任が男性教師の場合、女子の体調には特に気を遣うので、対応に困ってしまいます。

どうすればいいの？ 無理に参加させず、「約束」して見学させたり、保護者のサインを求めるなど、さぼりづらい状況をつくる。

指導のポイント❶＞＞＞＞強要せず、約束させる

　度々見学するとはいえ、「さぼるつもりか」と、無理に学習に参加させるようなことは控えましょう。強要して学習に参加させても、反発されるだけで、それがきっかけで、反抗的になる恐れがあります。とはいえ、「ずる休み」と分かっていて、見逃すわけではありません。他の子がいる前で、「しっかり見学すること。次の授業は必ず参加すること」と自分の口から約束させるようにします。「約束」は、子どもにはとても効果的な指導です。

指導のポイント❷＞＞＞＞保護者のサインをもらう

　低学年で、よく行う方法です。高学年にもなれば、子ども自ら報告するようにしなくてはならないのですが、クラスにこのような子がいる場合は、見学時は、必ず保護者のサインを連絡帳に書いてもらうように決めておきます。「サインをもらうのを忘れた」と、言いにきた場合は、一応見学させておき、放課後、保護者に確認の連絡を入れるなど、厳しいくらいに徹底させます。この方法で、「さぼり」はほとんど解消されます。

指導のポイント❸＞＞＞＞「忘れました」を許さない

　体育着や水着を忘れた子は、見学ということになります。それで、わざと持ってこない子もいます。プールは無理でも、普段の体育は体育着を忘れても参加できるようにすると、「きまり」があやふやになるという矛盾が起きてしまいます。そこで、体育のある前日までに持ち物をチェックするようにします。ぎりぎりまで持ってこない子には、「必ず持ってくるように」と、場合によっては、連絡帳で保護者に伝えて、忘れたという理由で休むことを防ぎます。

+1 plus one point　見学の理由が「さぼり」か「生理」か、男性教師には確認しづらいものです。そこで、保健室の先生の協力を得て対応するようにします。

Ⅲ-3-授業場面……⑦

答え合わせやテストで、間違いをごまかす子がいる

漢字や計算を間違えると、こっそり答えを直してマルをつけたり、返ってきたテストの答えを書き直して、「ここ、合っていたのですが」と言いにきたりする子がいます。マルのひとつやふたつ、どうでもよいのですが、人の目を盗んでする姿を見るのは、気持ちのよいものではありません。

どうすればいいの？
その場では、絶対に注意しない！
ごまかしができない工夫をしながら、子どもの評価の仕方を反省する。

154

指導のポイント❶ >>>>> その場では、見ないふりをする

　気付いても、その場では見て見ないふりをしておく方がよいと考えます。勉強で間違えることよりも、間違いをごまかすことの方がよほど恥ずかしいことです。それは、誰でも分かっています。ですから、「ごまかしてはダメ」と注意することは、他の子に「ズルをする子だよ」と言いふらすようなものです。その場は、そっと気付かないふりをして、以後、その子の近くに行くとか、さり気なく目線をそそいでおくとかして、ごまかしができない状況をつくるようにします。

指導のポイント❷ >>>>> 消しゴム・鉛筆を片付ける

　高学年にもなれば、漢字や計算などは、自分で答え合わせができなくてはなりません。それで、ごまかして直す子が出てくるのですが、やり方によっては、ごまかさなくなります。例えば、答え合わせの時は、赤鉛筆だけを出して、他の筆記用具は、片付けさせることを徹底します。テストを返す時も同じで、消しゴムや鉛筆は机の中に片付けさせておきます。

指導のポイント❸ >>>>> 多様な視点から評価する

　できないことを、友達や教師に知られるのが恥ずかしい、少しでも良い点をとらないと恥ずかしいと思うので、ごまかそうとします。これは、日頃の担任の子どもへの評価の仕方や、学級経営にも問題があると反省しましょう。日頃から、教師が点数だけでなく、意欲的に取り組む姿勢や、間違えても発表する姿、授業を楽しんでいる態度など、子どもの良さをさまざまな観点で評価していくことで、間違いや点数へのこだわりは薄れていくものです。

+1 plus one point　大学受験でカンニングをして問題になった事件がありました。不正をすると、周りからどう見られ、社会的にどのような制裁を受けるのかを、伝えておきましょう。

Chapter III-4 友達関係場面での困った高学年女子

> 高学年女子の友達関係ほど、指導に気を遣うものはありません。下手に口出しをすると、かえって子ども同士の関係がこじれたり、教師に対して不信感を抱いたりします。

●友達に気を遣うのが高学年女子

　ストレートにケンカをする男子とは異なり、女子は、相手に不満をもっていても、表面上は上手に付き合うことができます。何よりも、友達関係で波風を立てないことを大切にしている子がたくさんいます。

　友達関係での女子のトラブルは、特に男性教師には理解しがたいことが多々あります。仲よく会話をしたり遊んだりしていたと思っていた子ども同士が、他の友達には、互いに相手を悪く言っていたり、気を遣い合って疲れていたりということが、よくあります。高学年女子の友達関係は、大人の人間関係と同じように複雑なところがあります。子どもなりに、解決の方法を探ろうと、相手と微妙な距離を保ちながらコミュニケーションをとっています。

　そのことを十分に理解して、「どうしたいのか？」「教師に何ができるのか？」などを、必ず子どもに確認しながら対応していくことが大切です。

●強引な介入は危険

　正論や正義感だけで教師が強引に解決しようとすると、微妙なバランスで保たれていた子どもたちの関係に亀裂が生じ、問題を複雑にしてしまう危険性があります。「勝手なことをしないで」「余計悪くなった」と、指導を拒否されたり、不信感をもたれたりします。ですから、何か異変が起きても、うかつに介入しないのが基本です。「子どもだけでは解決できない」「相当困っている」と感じたら、そっと子どもを呼んで、相談にのります。そのなかで、「教師がどのようにサポートできるか」を、子どもと一緒に考え、子どもが納得するように導いていくことが大切です。

特に、高学年女子の場合、「どちらかが悪い」と決めつけて頭ごなしに指導すると、友達関係を悪化させるだけでなく、教師との信頼関係も失われてしまいます。

やってはいけない叱り方

- 柱のスミに、Aさんの悪口が書かれています
- BさんとCさんが、何か書いていたのを見たよ
- BさんとCさん、先生のところに来なさい！
- （何も知らないくせに、何よ！）

⚠ 強引な介入は、かえって友達関係を悪化させる危険が。教師への不信感も招くことに。

効果的な叱り方

- 柱のスミに、Aさんの悪口が書かれています
- BさんとCさんが、何か書いていたのを見たよ
- 後で事情を聞いてみるよ。何か、理由があるのかもしれないね

⚠ 子どもの相談にのりながら、解決策を一緒に考えるというスタンスで対応することで、根本的な解決につなげる。

Ⅲ-4　友達関係場面での困った高学年女子

Ⅲ - 4 - 友達関係場面……①

グループで仲間外しをする子がいる

昨日まで仲よくしていた女子のグループで、誰か一人が寂しそうにポツンと孤立するようになることがあります。一緒にいた友達は、その子が近寄っていっても、避けるように離れていってしまいます。休み時間にコソコソ話をすることもあり、何とも言えない嫌な空気が漂っています。

どうすればいいの？ いじめにつながる重大な出来事。
こじれないように、慎重に対応する！

> 一人でどうしたの？
> ちょっと話を聞かせてもらっていいかな？

> えっ？ はい

> じゃあ、昼休みに、職員室に一人で来てね

指導のポイント❶＞＞＞＞注意深く観察する

　仲間外しは、放っておくと深刻ないじめに発展する危険な状況と考え、慎重に対応するように心がけます。特に高学年女子への対応は、慎重に行わなければなりません。下手に介入すると、かえって問題がこじれて、真の解決につながらなくなります。数日たって、自然に解消する場合もあるので、子どもの状況を一週間程度観察する必要があります。土・日をはさんで、次の週になっても、仲間外しが続いている場合は、行動を開始します。

指導のポイント❷＞＞＞＞あからさまな介入はしない

　一人になっている子に、仲間外しの状況やそうなるに至った経緯などを聞き取ることからスタートします。その後、相手方の子から事情を聞き、双方の「解決する意志」を確認します。教師がどこまで介入するか、「先生は入った方がいい？」と、確認します。基本は、当人同士の話し合いに任せます。教師の役割は、双方の言い分を聞きながら、解決に向けて助言していくことです。決して、「仲よくせよ」「いじめは許さない」と、強引に解決しようとしてはいけません。

指導のポイント❸＞＞＞＞子どもの意志を尊重する

　子どもには、「解決したいよね？」「話し合ってみる？」「先生も話に入っていい？」と、常に子どもの意志を確認しながら対応することが大切です。どちらかを「悪い」と指導することは、絶対にしてはいけません。悪いことをしたと思う反面、こちらにも言い分があると思っています。双方が本音を出し合い、自らの悪いところを認めるような話し合いをしなくては、解決することはできません。

+1 plus one point　日頃から、子どもの友達関係を観察しておくことが重要です。普段一緒にいない子と無理に行動しようとしたり、一人でいることが多くなったりする子がいたら、注意が必要です。

Ⅲ - 4 - 友達関係場面……②

友達の悪口を陰で言ったり、落書きをしたりする子がいる

気に入らない友達の悪口を言う子がいます。特に女子の中には、陰口を言う子がいます。それがエスカレートすると、ノートや校舎の死角になる場所、校庭や運動場などに落書きをする子もいます。友達だけではなく、時々、教師の陰口を言ったり落書きをしたりする子もいます。

どうすればいいの？ 犯人さがしはあえてせず、その子の良さをしっかり認め、悪口を言われた子が気にしないようにクラスで指導する。

> 人の悪口を書いて、何かあったのかな？
> だって、あの子、むかつくんだもん
> なるほど。でも、落書きで気分は晴れたの？
> ……
> 晴れていないみたいだね。どうしてか分かる？

指導のポイント❶ ＞＞＞＞ 自信をもたせ、有用感を高める

　たとえ、「完璧」と思われている子でも、少なからずは友達の悪口を陰で言っているものです。陰口を言ったり落書きをしたりする時は、クラスでの存在感や有用感がぐらつき、自信を失っている場合がほとんどです。それで、友達批判、教師批判をしてしまうのです。特に落書きは、犯人の特定がしづらいので、犯人さがしより、疑わしいと考えられる子をよく観察し、話しかける機会を増やしましょう。その子の良さをしっかりと認め、当番や係活動でその子の有用感を高める指導を心がけましょう。

指導のポイント❷ ＞＞＞＞ 「気にしない」指導を

　陰口も落書きも、直接本人に伝えることのできない弱い気持ちで行われる行為です。ですから、被害を受けた子は、本来まったく気にしなくてもよいことです。日頃から、クラス全員に、「あまり気にする必要はない」と伝えるようにします。そして、悪口を言ったり落書きをしたりする人は、結局他の人から信頼を失い、避けられることになると子どもに考えさせれば、自然にこのような行為はなくなっていくものです。

指導のポイント❸ ＞＞＞＞ 頭ごなしの指導は危険

　一通り指導しておさまれば、それ以上指導する必要はありません。悪口を厳しく叱ったり、落書きの犯人さがしにやっきになったりすればするだけ、さらに陰で卑劣な行為を繰り返す恐れがあります。指導があだとなって、深刻ないじめになってしまう例は多々あります。個人的な指導を行う時は、頭ごなしに叱るのではなく、理由をしっかり聞きながら、「卑怯なことだった」と本人が認めるように、質問などをしながら、しっかり考えさせるようにしましょう。

+1 plus one point　担任の悪口に関しては、まったく気にしないことです。感情的になって叱ると、人間関係がこじれる恐れがあります。広い心で子どもを受け入れてあげましょう。

Ⅲ-4-友達関係場面……③

気になる男子のことで、友達とトラブルになる子がいる

高学年にもなれば、特に女子の中には、男子に対して興味をもつ子が出てきます。最近は、女子の方が積極的にアプローチすることが多く、クラスの雰囲気に影響をあたえる場合もあり、困ることがあります。また、気になる男子をめぐって、関係が悪くなりトラブルになる子もいます。

どうすればいいの？
自然におさまるまで、静観する！
異性への興味や恋愛をタブー視せず、子どもと考える機会をもつ。

指導のポイント❶＞＞＞＞静観して様子を見る

あからさまな「仲間外し」や、集団でのいじめに発展しないかどうかだけを見守りながら、基本的に静観の構えです。小学生ですから、恋愛感情を抱いたとしても、一時的な場合がほとんどで、一ヶ月もすれば、他の子を好きになったとケロリとする子も少なくありません。

そのことがもとで、互いの人格を傷付け合い、修復できないまでになることの方が心配です。周りの子の協力を得ながら、「いじめになったり、仲直りできないままで険悪になったりしたら、教師が介入する」とだけ伝え、互いに気持ちが落ち着くまで待つのがいいでしょう。

指導のポイント❷＞＞＞＞男女の交流を意図的につくる

男女が仲よく一緒に活動することができるクラスでは、いわゆる「おませ」的なトラブルは少ないものです。異性を意識する年頃ですから、気になる異性はいると思いますが、毎日、学習や当番・係活動などで一緒に活動することで、楽しく学習したり交流したりすることにエネルギーが使われていきます。

反対に、何となく気迫が足りないクラスでは、エネルギーを発散する場を、異性やおしゃれに求める子が多くなります。

指導のポイント❸＞＞＞＞「恋心」を理解する

年頃になれば、異性を意識するのは当然です。教師は、子どもの異性への関心や恋愛感情を、見て見ぬふりをしがちです。例えば、国語で恋愛について書かれた作品をとりあげたり、道徳や保健の授業で異性の気持ちを考えさせることも必要です。子どもの気持ちを理解しながら、一緒に会話し、学習しながら、小学生にふさわしい異性との付き合い方を考えさせることが必要です。

+1 plus one point 女性教師であれば、自分の恋愛経験を話して、人生の先輩としてアドバイスをすることができます。男性教師の場合、女性の同僚に協力してもらうのもよいでしょう。

Ⅲ-4　友達関係場面での困った高学年女子

Ⅲ-4-友達関係場面……④

友達を独占しようとする子がいる

いつでも、特定の子としか行動しようとしない子がいます。相手の子は、少し迷惑がっているようにも見えますが、ずっと、その子のそばに付いて独占しようとします。他の子が話しかけると、不機嫌な態度をとったり、ひどい場合は、悪口などを言って攻撃したりします。

どうすればいいの？
相手の子へのフォローを大切に！
独占の危うさに気付かせ、やめるように導く。

> 他の子と遊ぶと 怒って無視するし、どうしたらいいか困っています

> だからって、我慢ばかりしていては、つらいよね！

> 嫌なことは、はっきり断ることも大切だよ。それを教えてあげるのも、友達だと思うよ

指導のポイント❶＞＞＞＞相手の子へのフォローを

　相手の子は、べったりの関係は嫌だという場合が多々あります。他の子と自由に遊んだり会話をしたりしたいと、悩んでいる子もいます。まず必要なのは、そういった子へのケアです。相当まいっていることもありますから、時折、教師が呼び出して頼みごとをやらせたり、当番や係などを意図的に分けて、独占欲の強い子と離れる時間をつくります。また、友達の言いなりではなく、自分の意志をはっきり伝えることが大切だと教え、実行できるように支援していくことも大切です。

指導のポイント❷＞＞＞＞独占の不自由さと危うさを伝える

　独占欲の強い子は、支配欲が強く、強引に友達を引き寄せることがあります。できる限り早く、独占する行為が危険なことを分からせる必要があります。そのためには、授業や当番・係活動で、さまざまな子と活動させ、その度に、「誰とでも活動できて素晴らしい」と、大いにほめて自信をもたせるようにします。加えて、機会あるごとに、クラス全員に、縛られた関係の不自由さや危うさを考えさせ、友達を独占する必要はないと感じさせるようにしていきます。

指導のポイント❸＞＞＞＞理想の関係について考えさせる

　限られた友達とだけしか活動できない関係は、特に高学年女子の場合、こじれるととてもやっかいなことになるものです。そこで、「本当の友達」について、考えさせることも必要です。「友達に合わせることは楽しいか？」「縛られるのは好きか？」「どんな関係が理想か？」……。高学年になれば、本当に仲のよい理想の関係について考えることができるはずです。

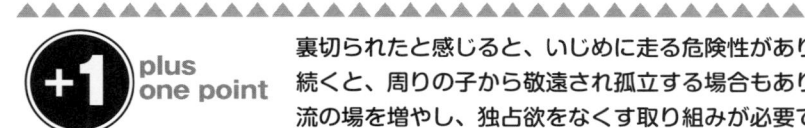

+1 plus one point　裏切られたと感じると、いじめに走る危険性があり、それが続くと、周りの子から敬遠され孤立する場合もあります。交流の場を増やし、独占欲をなくす取り組みが必要です。

Ⅲ-4-友達関係場面……⑤

友達と遊ぼうとせず、保健室に入りびたる子がいる

休み時間、友達と会話をしたり遊んだりしないで、必ず保健室で過ごす子がいます。いじめられているのかと心配しますが、保健室で先生と話しながら過ごすのが好きなようです。友達との交流もしてほしいので、このままでいいのか迷ってしまいます。

どうすればいいの？ 保健室の先生が支障のないように指導しながら、必ず担任も顔を出して、関わりをもつ！

> 体は大丈夫？
> 何かあったら言ってね

> 今、ケガした子がいたから待っててくれたんだよね！

指導のポイント❶＞＞＞＞保健室に通う背景を探る

　元来、子どもは、友達同士で遊ぶことを好みます。一人で保健室に入りびたるのは、何か事情を抱えていることも考えられます。保健室の先生と連絡を取り合いながら、その子が、なぜ保健室に来るのかを把握します。すると、家庭の問題、友達関係の悩み、進路への不安など、さまざまなことが分かってきます。その上で、保健室の先生の協力を得ながら、できる限りその子の心を落ち着かせ、教室に戻るきっかけをつかむことが大切です。

指導のポイント❷＞＞＞＞必ず担任も関わる

　保健室に行くからと、保健室の先生任せにしてはいけません。必ず一度は、保健室をのぞいて、その子を観察したり、言葉を交わしたりして関わりをもつようにします。関係を深めながら、その子への理解を深めたり、友達と遊ぶことを勧めたり、保健室が忙しい時は入らない約束をさせたりと、他の子と一緒に活動できるように働きかけるようにしましょう。

指導のポイント❸＞＞＞＞他の子を関わらせる

　他の子とのつながりが断たれないようにしなくてはなりません。友達と関わることができるように、教師の働きかけが必要です。教師が保健室をのぞく時に、その子と関わりのある子や、優しく気のいい子にお願いをして、保健室に一緒に連れていきます。ひと言ふた言、声をかけてもらうくらいで、少しでも関わりをもたせるようにします。その子が負担に感じない程度に関わらせ、徐々に友達と休み時間を過ごすようにしていきます。そのうち、友達と一緒に保健室で絵を描いたり、本を読んだりするようになります。この場合も、保健室の先生に協力を得るようにお願いしましょう。

+1 plus one point　急に、保健室に入りびたるようになる子がいたら、注意しましょう。友達とのトラブルや家庭状況の変化など、何かのサインと考え、慎重に観察します。

Ⅲ-4-友達関係場面……⑥

人の話に無理やり入り込んでくる子がいる

友達同士で話していると、無理やり話に入り込んでくる子がいます。話題を変えて、自分が話題の中心になろうとします。他の子は、迷惑に思っているのですが、高学年にもなると、場の雰囲気が悪くならないように、適当に付き合っています。

どうすればいいの？ 周りの子に対処の仕方を教え、その子を傷付けないように、迷惑だと気付かせる！

> 聞いて、聞いて！私もさ～……

> 何々、先生も仲間に入れてくれ

> 先生、人の話に割り込まないでよね

指導のポイント❶＞＞＞＞相手に気付かせる方法を教える

　子どもから相談を受けたらもちろんのこと、無理に話に入ってこられて困っている様子の子がいたら、さり気なく、困っているかどうかを探ります。困っていることがはっきりしたら、相手を傷付けずに、話に入られるのを防ぐ方法を教えます。

　必ず目は合わせますが、うなずいたり笑ったりせず、表情を変えずに無反応を貫きます。話が切れたら、元の会話に話題を戻して、入ってきた子にも、反応を求めるようにします。その子は、自然に相手が自分の話に興味がないと気付くようになります。

指導のポイント❷＞＞＞＞会話のマナーを見直しさせる

　特別に、その子に対して指導するというわけではなく、クラス全員に対して、会話のマナーについて考えさせる機会をつくります。「いつも自分が中心の話は、聞く人が興味を示さない」「いきなり話題を変えるのはマナー違反」「誰でも自分が話したいと思っている」といったことを教え、会話のマナーを見直しさせるようにします。

指導のポイント❸＞＞＞＞教師が割り込む

　明らかに、話に割り込まれて困っている場面を見かけたら、思い切って教師が話に割り込んでしまいます。「先生も仲間に入れてよ」「どんな話をしているの」と、無理やり割り込んでしまうのです。その子たちに「話に割り込まないでよ」と言わせたら成功です。つまり、教師が悪役になるのです。教師を敵にしながら、暗に割り込んでくる子に警告を出させ、反省するように仕向けます。

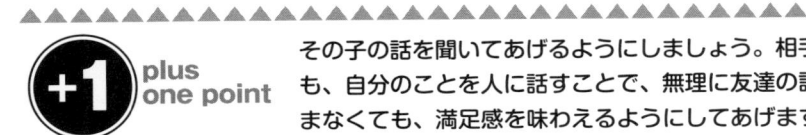

+1 plus one point　その子の話を聞いてあげるようにしましょう。相手が教師でも、自分のことを人に話すことで、無理に友達の話に入り込まなくても、満足感を味わえるようにしてあげます。

Ⅲ-4-友達関係場面……⑦

交換ノートやメールでさかんにやりとりする子がいる

昔から、女の子は「交換ノート」が大好きです。仲のよい友達とノート交換をすることで、密かな親密感を楽しんでいます。しかし、気を付けないと、友達の悪口がエスカレートしたりと、さまざまな問題が出てきます。最近では、メールでやりとりする子も増えており、心配です。

どうすればいいの❓ 強制的に禁止するより、危険性を学ばせる。ノートやメールなどの正しい使い方を指導！

友達とメールしたことがある人

交換ノートやメールなどで、絶対やってはいけないことは何だと思う？

指導のポイント❶＞＞＞＞強制的な禁止は逆効果

　交換ノートやメールを強制的に禁止しても、やろうと思えば、分からないようにこっそりやってしまいます。そうなると、問題が大きくなるまで周りの大人は気付くことができなくなります。そこで、「人の悪口は書かない」「教師や親が時々確認する」「やりすぎない」という条件で、認めます。
　このような指導は、問題が起きてからでは遅いので、早々に対応することが大切です。

指導のポイント❷＞＞＞＞保護者の協力を得る

　交換ノートもそうですが、特に携帯電話やスマートフォンについては、保護者の協力なしでは指導することができません。クラスにどれくらい携帯電話やスマートフォンが普及しているのかを把握したり、使い方が守られているかを確認したりするなど、保護者会や学級通信で呼びかけるようにします。
　交換ノートやメールなどでトラブルがあった場合は、子どもに指導するだけでは問題は解決しません。必ず保護者を交えて指導することが必要です。

指導のポイント❸＞＞＞＞危険から遠ざかる力を育てる

　最近では、ブログやツイッター、ラインなどの誤った使い方によって、個人情報が漏れたり、いじめや犯罪につながったりと、深刻な問題が起きています。
　携帯電話やスマートフォンから、いつまでも遠ざけておくことは不可能ですし、そうすることは、危険を感じ取り、危険から遠ざかる力を、子どもから削いでしまうことになります。「やってはいけない」と禁止するのではなく、使い方のルールや、裏に潜む危険性、危険からの回避の仕方を、しっかり教えることが重要です。

+1 plus one point　特に女子は、インターネットによる犯罪に巻き込まれる危険性が大です。ラインやSNSで知り合う「友達」の危険性について、しっかり考えさせることが必要です。

女子　友達関係場面

Column 3

教師を拒む女の子がくれた「教師のプライド」

　男性教師を受け入れない女の子を担任した時のことです。一学期が終わる頃までには、その子との関係も何とか築くことに成功し、この調子でいけば、本音で話をすることができる日も近いと考えていました。ところが、二学期に入ると、彼女の家庭事情に変化が生じたことがきっかけとなり、あからさまに私を拒絶するようになったのです。目に余る言動が増え、私が注意することも日を追うごとに増えていきました。私に対する暴言は日常茶飯事で、少し厳しく指導すると、「家に帰る！」と教室を飛び出す始末。その度に、自分の至らなさが情けなく、私は、自信を失っていきました。「あきらめて、適当にうまくごまかしておこうか」と、彼女と向き合うことから逃げ出しそうになったことも度々ありました。そんな時は、
　「担任はあなただけ。逃げることは、彼女を見捨てることだよ。それは教育者じゃないよ」
という、尊敬する先輩の言葉を、繰り返し唱えて踏ん張ったものです。子どもに暴言を吐かれても、周りから批判されても、教師としてのプライドだけは捨ててなるものかと思いました。
　あまりの私のしつこさに根負けしたのでしょうか。三学期が終わる頃になると、彼女の態度に変化が表れ始めました。「あっち行け！」と逃げていく彼女の言葉の中に、私に対する親愛の情のようなものが感じられるようになってきたのです。
　卒業を控えた年の２月の終わりのことです。彼女が中心になって企画した「お別れパーティー」が開かれました。会の終わりに、当時流行していた歌謡曲を替え歌にして、子どもたちがプレゼントしてくれました。子どもたちにお礼を言うと、「Ｂさんが、一生懸命作っていたんだよ」と、ある女の子がそっと教えてくれたのです。うれしくて彼女に近づこうとすると、「あっち行ってよ」と、いつもの言葉が返ってきました。仕方なく、お礼を言って立ち去ろうとしたその時、何と彼女が、
　「ありがとうございました！」
と大きな声で言い、走り去っていったのです。
　「逃げたらあかん。子どもととことんぶつかること。それが"教師のプライド"」
　私を拒んでいた女の子は、素敵なプレゼントを残してくれました。

著者紹介

中嶋 郁雄（なかしま いくお）

1965年、鳥取県生まれ。
1989年、奈良教育大学を卒業後、奈良県内の小学校で教壇に立つ。
新任の頃より「子どもが安心して活動することのできる学級づくり」を目指し、教科指導や学級経営、生活指導の研究に取り組んでいる。
子どもを伸ばすために「叱る・ほめる」などの関わり方を重視することが必要との主張のもとに、「中嶋郁雄の『叱り方』＆『学校法律』研究会」を立ち上げて活動を進めている。
著書に『教師に必要な６つの資質』『その場面、うまい教師はこう叱る！』『困った場面、ズバリ解決！うまい教師の対応術』（すべて学陽書房）、『教師の道標——名言・格言から学ぶ教室指導』（さくら社）など多数ある。

・「中嶋郁雄の『叱り方』＆『学校法律』研究会」のブログ
　shikarikata.blog.fc2.com

高学年児童、うまい教師はこう叱る！

2014年3月25日　初版発行
2016年2月8日　4刷発行

著者──────中嶋郁雄
本文デザイン──笠井亞子
装幀──────佐藤 博
イラスト────榎本はいほ
発行者─────佐久間重嘉
発行所─────株式会社 学陽書房
　　　　　　　東京都千代田区飯田橋1-9-3　〒102-0072
　　　　　　　営業部　TEL03-3261-1111　FAX03-5211-3300
　　　　　　　編集部　TEL03-3261-1112　FAX03-5211-3301
　　　　　　　振　替　00170-4-84240
印刷──────加藤文明社
製本──────東京美術紙工

©Ikuo Nakashima 2014, Printed in Japan
ISBN978-4-313-65251-4　C0037

乱丁・落丁本は、送料小社負担にてお取り替えいたします。
定価はカバーに表示してあります。

学陽書房刊　中嶋郁雄の著書

●大好評！「うまい教師」シリーズ

その場面、うまい教師はこう叱る！
◎ A5判128頁　定価＝本体1700円＋税

とっさのこの一言が子どもを変える！　態度が悪い、授業をかきまわす、学校のルールを守らない……こんな困った場面をスッキリ解決！　わかりやすいイラストで、児童の困った行動・態度がみるみる素直になる叱り方・ワザを紹介。

そのクレーム、うまい教師はこう返す！
◎ A5判128頁　定価＝本体1700円＋税

突然やってくる保護者からのクレーム！　とっさのときの対応をどうすべきか？　クレームを生まないための信頼関係をどうつくるといいのか？　保護者から信頼される教師になるための、保護者対応の基本がわかる！

仕事がパッと片づく！うまい教師の時間術
◎ A5判128頁　定価＝本体1700円＋税

「忙しくて寝る時間がない！」そんな日々に追われていませんか？　もっと効率的に仕事ができて、生活が充実し、クラスも伸びる方法を知りたい人へ。年間のダンドリから、毎日の仕事のこなし方まで、忙しい教師のための人生を変える時間術！

学陽書房刊　中嶋郁雄の著書

●大好評！　「うまい教師」シリーズ

そのクラス、うまい教師はこう動かす！
◎A5判124頁　定価＝本体1700円＋税

落ち着きがなく騒がしい……、子どもたちが指示や指導を素直にきかない……、そんな悩みをバッチリ解消！　クラスをリードし、子ども集団をうまく動かす力が身に付く一冊！すぐに実践できる方法が満載で、子どもたちがみるみる素直になる。

困った場面、ズバリ解決！うまい教師の対応術
◎A5判144頁　定価＝本体1700円＋税

授業、生活指導、休み時間、保健・給食、職員室・保護者対応……どんな教師も一度ならずと遭遇する「そんな場面、あるよね！」と共有・共感してしまう学校現場のリアルな悩みに、説得力ある具体的対処法と打開策でわかりやすく応える。

学陽書房刊　中嶋郁雄の著書

誰でも成功する
児童の叱り方のキーポイント

◎A5判160頁　定価＝本体1700円＋税

「子どもに考えさせ、反省させる」視点で、乱暴な子、まじめな子など個々の子どもにあった叱り方、けんか、責任逃れなど場面に応じた叱り方を提示。基本的習慣を身に付けさせる、学習に集中させる、反省文の書かせ方、叱るタイミングのキーポイントなども網羅。

教師に必要な
6つの資質　　学級担任に求められるリーダーシップがわかる

◎A5判224頁　定価＝本体1700円＋税

いま、学級経営に求められるのは担任教師のリーダーシップ。自分の理想とする学級づくりを切望する教師が、自信と希望をもって教室に向かえるようになるために。

児童生徒に聞かせたい
日本の偉人伝3分話

◎四六判152頁　定価＝本体1700円＋税

イチロー、高橋尚子など、現代の偉人を織り交ぜた40人の偉人を精選。単に偉人についてのあらすじだけでなく、偉人に学ぶ「子どもへのメッセージ」を入れている。道徳や学級の時間、学級・学年通信の話材として最適。

しつけに使える
学校の妖怪・怖い話

◎四六判148頁　定価＝本体1600円＋税

妖怪が教える子どもの生活習慣。15のオリジナルな学校の妖怪が登場。朝の会、道徳、学活の時間はもちろん、林間学校・修学旅行の夜に最適。「教育的な視点」で書かれた「妖怪伝説」「怪談」の本。